# Nomadismos Contemporâneos

FUNDAÇÃO EDITORA DA UNESP

Presidente do Conselho Curador
Marcos Macari
*Diretor-Presidente*
José Castilho Marques Neto

*Editor Executivo*
Jézio Hernani Bomfim Gutierre

*Conselho Editorial Acadêmico*
Antonio Celso Ferreira
Cláudio Antonio Rabello Coelho
José Roberto Ernandes
Luiz Gonzaga Marchezan
Maria do Rosário Longo Mortatti
Maria Encarnação Beltrão Sposito
Mario Fernando Bolognesi
Paulo César Corrêa Borges
Roberto André Kraenkel
Sérgio Vicente Motta

*Editores Assistentes*
Anderson Nobara
Denise Katchuian Dognini
Dida Bessana

EURÍPEDES COSTA DO NASCIMENTO

# NOMADISMOS CONTEMPORÂNEOS
## UM ESTUDO SOBRE ERRANTES TRECHEIROS

© 2006 Editora UNESP

Direitos de publicação reservados à:
Fundação Editora da UNESP (FEU)
Praça da Sé, 108
01001-900 – São Paulo – SP
Tel.: (0xx11) 3242-7171
Fax: (0xx11) 3242-7172
www.editoraunesp.com.br
feu@editora.unesp.br

CIP – Brasil. Catalogação na fonte
Sindicato Nacional dos Editores de Livros, RJ

N194n

Nascimento, Eurípedes Costa do
  Nomadismos contemporâneos: um estudo sobre errantes trecheiros / Eurípedes Costa do Nascimento. São Paulo: Editora UNESP, 2008.

  ISBN 978-85-7139-818-4

  1. Mendicância. 2. Mendigos – Condições sociais. 3. Caminhadas. 2. Civilização moderna. I. Título.

  08-1378.                                         CDD: 305.56
                                                   CDU: 316.343-058.17

Este livro é publicado pelo projeto *Edição de Textos de Docentes e Pós-Graduados da UNESP* – Pró-Reitoria de Pós-Graduação da UNESP (PROPG) / Fundação Editora da UNESP (FEU)

Editora afiliada:

Asociación de Editoriales Universitarias de América Latina y el Caribe

Associação Brasileira de Editoras Universitárias

# AGRADECIMENTOS

Gostaria de agradecer, inicialmente, ao *Plano Superior*, pelas boas inspirações.

*Aos errantes trecheiros*, que ainda, talvez, percorrem a longa estrada da vida, pela concessão das entrevistas; ao *Cetrem* (Centro de Triagem e Encaminhamento Migrante) da cidade de Assis (SP), pela concessão do espaço para a realização das entrevistas.

*Aos meus pais*, Antonio Saturnino do Nascimento e Aparecida Costa do Nascimento (*in memoriam*), pela formação de meu caráter, empenho e coragem, e por me ensinarem a paciência, a humildade e a persistência diante dos obstáculos da vida.

*Aos meus irmãos* Gonçalo, Antonio e Noel, pela convivência, pela união e pelos cuidados recíprocos.

*Aos ilustres amigos*: Pedro Fernando Bendassolli, pela cortesia intelectual; Carlos Eduardo Antunes de Macedo, André Luiz Barbieri e Fabiano Roque Pinheiro, pelo auxílio, pela descontração e pelo apoio, decisivos nos momentos críticos de minha formação acadêmica; e Enio Silva Modesto e João Carlos de Oliveira, pelas cumplicidades poéticas e por terem outrora compartilhado comigo as turbulências de vida.

*Aos casais* Júlio César Carregari e Luciana, Gleison José Alves e Carla, pela solidariedade e pela companhia nas fases iniciais de meu ingresso na pós-graduação.

*Ao caro orientador*, Dr. José Sterza Justo, pela camaradagem, pela confiança e por me apresentar, informalmente, o nomadismo, a errância e os trecheiros.

*Aos professores* Dr. Luiz Carlos da Rocha (Unesp/Assis), Dr. Paulo Roberto de Carvalho (UEL), Dra. Soráia Georgina F. P. Cruz (Unesp/Assis), pelas sugestões e contribuições apresentadas para a dissertação de mestrado; e a Dra. Sônia Aparecida Moreira França (Unesp/Assis), pelas inigualáveis discussões foulcaultianas, que me possibilitaram ver a vida com outros olhos.

A vocês todos, meu singelo e cordial *muito obrigado*!

*À Evania Nascimento, por sua tolerância,
seu companheirismo, seu amor e sua solidariedade.
Com você, a vida tem outro significado!*

# SUMÁRIO

Prefácio  11

Apresentação  17

1 Percurso metodológico:
   a pesquisa qualitativa em ciências humanas  21

2 Andando na corda bamba: as relações do indivíduo
   no espaço social contemporâneo  29

3 Sem eira nem beira: errância, uso de álcool
   e desqualificação social  41

4 Errância e trecheiro: dimensões analíticas  63

5 Comentários finais  117

Referências bibliográficas  121

# PREFÁCIO

O tema do nomadismo assume uma importância capital nos estudos sociais acerca do homem na sociedade contemporânea. Talvez mais do que em qualquer outra época, o ser humano esteja sendo exigido a movimentar-se com bastante intensidade nos planos geográfico, social e afetivo. É fato, também, que o homem sempre esteve envolto em andanças pelo planeta desde os tempos mais remotos, premido por contingências da natureza (como mudanças climáticas, terremotos, inundações e tantos outros abalos no ambiente), por motivos sociopolíticos (como guerras, miserabilidades, êxodos, banimentos etc.), religiosos ou, simplesmente, por um desejo de conquistar, explorar e conhecer outros lugares.

Os movimentos migratórios expressaram bem essa capacidade humana de deslocar-se de um lugar a outro, de abandonar nichos de origem e aventurar-se por outros territórios, muitas vezes completamente desconhecidos. Se, por um lado, a história dos diferentes povos e civilizações demonstra a possibilidade de construção de assentamentos estáveis e duradouros, com a criação de territórios fixos, por outro (deslocamentos de povos inteiros, grupos ou mesmo deslocamentos individuais de aventureiros) demonstra a possibilidade de ruptura com o sedentarismo e de movimentações por todos os rincões do planeta.

A figura clássica do viajante em constantes incursões por outras plagas, que sempre retorna, porém, ao lugar de origem, é bastante sugestiva dessa atração que o homem sente pelo desconhecido e do desejo de deslocar-se e conhecer novos horizontes. A figura emblemática de Marco Polo é, sem dúvida, uma dessas expressões maiores da presença e do fascínio que o viajante exerce sobre o imaginário popular. Idéias e imagens de outros lugares são extremamente atraentes até mesmo para os sedentários, que, mergulhados na própria imaginação, acabam por se distanciar de paisagens, rotinas e referenciais comezinhos para também excursionar no fantástico mundo do desconhecido.

Estacionar, fixar-se e criar territórios é uma possibilidade da condição humana, assim como se movimentar, caminhar ou viver em trânsito são alternativas dessa condição. Sedentarismo e nomadismo são, portanto, duas formas possíveis de viver, ambas seguramente importantes e necessárias para as realizações humanas atuais, como também o foram ao longo de outros tempos na história das civilizações.

No entanto, as contingências de mobilidade que afetaram o homem em outras épocas e as respostas dadas a elas parecem bem distintas das que ocorrem na atualidade. Antes, os deslocamentos eram mais localizados, cíclicos, intermitentes e geograficamente determinados. Hoje, a exigência de mobilidade parece ser muito mais radical, avassaladora e imprevisível. A própria globalização acena para a abertura total dos espaços geográficos, e a aceleração do ritmo de vida, à semelhança dos jatos supersônicos, acena para a possibilidade de ruptura com quaisquer barreiras de tempo-espaço especificamente circunscritos num dado lugar.

O advento da modernidade representou também um grande impulso para a movimentação do sujeito contemporâneo. O ideário moderno de crescimento e expansão, alavancado pelo desenvolvimento do conhecimento científico e tecnológico, rapidamente espalhou os indivíduos e as mercadorias pelo mundo todo, enquanto os ideários modernistas de progresso, mudança e ruptura com as antigas estruturas despertaram as mentes para o avanço e a aceleração do tempo, tendo como signo principal a inovação.

NOMADISMOS CONTEMPORÂNEOS **13**

Assim, a sociedade contemporânea pode ser também compreendida por uma compressão do tempo e do espaço sem precedentes, que permeia todas as esferas da vida (afetiva, social e geográfica), impulsionando o homem a romper fronteiras e alargar os limites de suas ações através da expansão *dromológica*, que toma a velocidade ou a corrida (*dromo*) como sua logística principal. O cenário mundano atual pode ser comparado com uma grande pista de corrida na qual o grande desafio e objetivo é se movimentar e acelerar-se ao máximo em todos os planos da vida.

Ficar parado ou estacionado representa, nesse contexto, a morte e a impotência, enquanto a mobilidade é o signo maior de vitalidade, força e poder. O mundo sólido, estável, territorializado e durável assumiu novos contornos na atualidade, passando a exigir um sujeito flanador, capaz de equilibrar-se, flutuar e ir percorrendo, mais ou menos a esmo, os caminhos que vão se abrindo à sua frente no emaranhado de trilhas entrecruzadas que formam as famosas "redes" de interligação social dos indivíduos.

Uma peculiaridade importante da mobilidade ou da dromologia na qual se vive hoje é que ela não tem um alvo, um objetivo ou um ponto específico de ancoragem. A "rede" não tem fim, os caminhos se entrecruzam sem levar a lugar nenhum. A subjetividade, ela própria, não se alimenta mais de projetos, metas e caminhos bem pavimentados e norteadores da trajetória de vida. Não existe mais um norte e uma bússola que indique a direção, mas sim uma profusão de possibilidades, um vasto mar no qual é preciso nadar, manter-se na superfície e seguir qualquer direção, pois não há indicação de rotas nem terra firme a alcançar. Portanto, o sujeito contemporâneo não se modela apenas pela figura do migrante ou do viajante, mas também pela do errante, daquele que anda sem destino ou metas preestabelecidas.

É neste contexto que o autor deste livro, Eurípedes Costa do Nascimento, analisa a problemática da errância e do trecheiro, bem como as várias facetas desses sujeitos no cotidiano de suas perambulações. O autor nos faz refletir profundamente sobre as condições de vida da atualidade que afetam a todos, tomando os trecheiros como

14 EURÍPEDES COSTA DO NASCIMENTO

paradigma dessa vivência extrema da errância, da mobilidade e da inquietude que nos governam.

Trata-se de um trabalho que permite, ainda, compreender outras questões sociais relevantes que demarcam a vida contemporânea, como o narcisismo, as insatisfações subjetivas e a busca do álcool como uma das saídas possíveis para o vazio existencial produzido pela decadência de uma sociedade altamente sofisticada e órfã de sentidos humanos. Trecheiros e andarilhos de estrada, nesse contexto, são apenas demonstrações cabais do nomadismo errante que grassa na sociedade atual, assim como a bebida alcoólica é apenas a ponta do *iceberg* do uso desmesurado de psicofármacos que procuram "aliviar" os sofrimentos, as angústias e frustrações, além de "prometer", de maneira rápida e cômoda, o gozo fácil e farto de uma sociedade impregnada por um individualismo alienante e miseravelmente atormentador.

O denso de trabalho de investigação levado a cabo pelo autor em anos de dedicação e contato com essa realidade nos traz informações e detalhes interessantes e valiosos sobre o cotidiano da vida dos trecheiros, praticamente ignorados e desconhecidos por todos nós. É mister reconhecer que, se por um lado os trecheiros podem ser tomados como casos paradigmáticos da condição de errância na contemporaneidade, por outro são mantidos no mais absoluto anonimato, vítimas de descaso e desamparo. Tanto a ciência como o senso comum desconhecem completamente o modo de vida dessa população que se avoluma cada vez mais em nosso país em razão das inúmeras complexidades sociais.

Embora exista uma preocupação bem estabelecida com os chamados "moradores de rua", não há qualquer sinal de percepção da existência de andarilhos e trecheiros por parte das políticas públicas (governamentais ou não-governamentais), das ciências, dos meios de comunicação ou de qualquer outro dispositivo social. Ainda que seja notável a presença significativa de trecheiros e andarilhos nos acostamentos das principais rodovias ou nos albergues e demais instituições que os acolhem, há uma enorme carência de levantamentos, estudos e pesquisas que possibilitem a intervenção, a assistência e cuidados efetivos a essas populações à beira da sociedade.

Mediante o relato de diversos casos, compilados graças a primorosas e extensas entrevistas, realizadas diretamente com esses sujeitos, o autor nos oferece preciosas histórias de vida que têm como epicentro a ruptura com o sedentarismo vulnerável e o mergulho no nomadismo avassalador. Talvez esse seja o grande mérito e o ponto-chave do livro: dar ciência da realidade vivida pelos errantes trecheiros, que espelha, limpidamente, a lógica das condições de vida num cotidiano permeado por incerteza, fragmentação e flutuação identitária.

*Dr. José Sterza Justo*

# APRESENTAÇÃO

A vida moderna exige, fundamentalmente, uma movimentação constante dos indivíduos em todos os âmbitos de vida. O ritmo frenético do mundo atual impõe uma constante movimentação que impede as pessoas de se fixar e criar raízes de qualquer natureza, tanto no espaço físico quanto no psicológico, afetivo, histórico etc. O movimento humano de um lugar a outro na sociedade e o fenômeno da globalização expandem, ainda, as fronteiras do macro-universo das relações internacionais e do micro-universo do cotidiano do sujeito, rompendo limites e espaços estabilizados e sedimentados na cultura.

As transformações ocorridas nos últimos anos nos âmbitos social, político e econômico, aliadas à hegemonia do neoliberalismo, à flexibilização do trabalho, à substituição da sociedade industrial pela de serviços e ao desemprego gradativo, têm mudado profundamente as relações do sujeito no mundo. Conseqüentemente, as condições de realização pessoal em termos de igualdade no mercado de trabalho vão se tornando limitadas para alguns indivíduos em razão do avanço tecnológico que os obriga a se especializarem cada vez mais, criando, portanto, possibilidades de desfiliação ou "exclusão" para aqueles indivíduos que não conseguem se adaptar às exigências dessa nova ordem social e econômica.

Nesse contexto, a desfiliação social parece propiciar o aumento da vulnerabilidade relacional que se opera no mundo do trabalho, desestabilizando a vida social de uma camada menos favorecida economicamente, fato este vivenciado radicalmente pelos errantes trecheiros, andarilhos de estrada, mendigos, sem-teto, sem-terra e tantos outros à beira da sociedade. Diante da impossibilidade de conquistar um lugar ao sol, esses sujeitos passam a ser vistos de maneira estereotipada pela sociedade, sendo, portanto, considerados vagabundos, marginais e responsáveis únicos por seus míseros destinos.

Meu primeiro contato com o tema da *errância* e do *trecheiro* foi em 1998, quando ainda dava os primeiros passos na trajetória de pesquisa de iniciação científica no curso de graduação em psicologia da UNESP (câmpus de Assis – SP). Naquela ocasião, interessavamme as questões relacionadas ao consumo exagerado de álcool em populações à margem da sociedade, sem condições mínimas de autosuficiência e praticamente ignoradas pelas políticas sociais do Estado. Nas minhas viagens de ônibus pelas rodovias, nos feriados prolongados, para visitar a família, impressionava-me o número de pessoas perambulando pelas estradas. Daí, comecei a questionar o que as levava a abandonar a vida sedentária por uma vida nômade.

Nesse mesmo período, tive o privilégio de conhecer o professor e camarada Dr. José Sterza Justo – futuro orientador –, que havia algum tempo pesquisava e dava os primeiros contornos sobre o tema da errância, do trecheiro e, sobretudo, dos andarilhos de estrada. Desses primeiros contatos, surgiram duas pesquisas preliminares financiadas pelo Pibic/CNPq, por meio das quais tive as primeiras impressões acerca da existência dessas pessoas, suas histórias de vida e tantas outras peculiaridades que me motivaram a pesquisar, com maior critério e rigor científicos, essa temática no programa de pósgraduação em psicologia na mesma universidade. Portanto, este livro é uma versão resumida de minha dissertação de mestrado defendida na Faculdade de Ciências e Letras da Unesp – câmpus de Assis (SP), em novembro de 2004, sob o título *Errância e Errantes: um estudo sobre a mobilidade do sujeito e o uso de bebidas alcoólicas na contemporaneidade*, com apoio financeiro da Capes.

## NOMADISMOS CONTEMPORÂNEOS 19

Como se trata de um assunto relativamente novo no âmbito das ciências humanas e sociais, cabe ressaltar aqui algumas dificuldades encontradas para alinhavar o construto teórico, pois não havia – e provavelmente ainda não há – muita produção de conhecimento sobre esta temática na área da psicologia, o que me levou a enveredar por outros campos do conhecimento, como o da produção sociológica de alguns pensadores franceses. Nesse sentido, cabe salientar, também, que as leituras conceituais apresentadas são apenas um dos modos possíveis de compreensão de um fenômeno tão complexo como a errância e o nomadismo contemporâneo e que de forma alguma esgotam ou excluem várias outras possibilidades de interpretação dessa temática no campo das ciências humanas e sociais.

Resumidamente, pode-se dizer que a população errante se caracteriza pela total falta de visibilidade social ou espaço de cidadania, relativamente ignorada pela ciência e pelas políticas públicas de assistência, a despeito de seu crescimento nos últimos anos. Esta população vive numa espécie de "ostracismo", a despeito também de sua importância no cenário social, seja pela condição de desfiliação extrema, seja, ainda, por incidir de maneira avassaladora sobre ela as principais vicissitudes da economia e da organização social no mundo contemporâneo. Os trecheiros, assim como os andarilhos de estrada, vivem de maneira rudimentar pelos acostamentos das rodovias e radicalizam ao extremo essa condição de vida intermediada pelo desemprego, por miséria e incertezas que assolam a sociedade.

Para que seja possível compreender o contexto social da errância e do trecheiro, preliminarmente foi delimitada a constituição dos espaços do indivíduo no cenário contemporâneo a partir de dois pólos de análise: o *individualismo positivo* – centrado no indivíduo conquistador, ávido por reconhecimento e *status* social, baseado, sobretudo, nas leituras de Alain Ehrenberg (1991, 1995) – e o *individualismo negativo* – caracterizado pelo indivíduo desfiliado, sem vínculos sociais, representado pela figura-limite dos errantes trecheiros e demarcados, fundamentalmente, pelas leituras de Robert Castel (1994, 1998).

Considerando esses dois pólos de individualismos, tentou-se articular suas relações com a errância e o uso de álcool na vida desses sujeitos, pois, numa sociedade que exige cada vez mais a performance e o culto do eu, na qual a aparência precede a existência e o verbo ter é conjugado antes do verbo ser, surge a seguinte indagação: como o indivíduo lida com as suas frustrações e fracassos pessoais? Uma das hipóteses consideradas por Joel Birman (2000) é que a sociedade contemporânea atravessa uma crise de si mesma ou um profundo sentimento de mal-estar, pois, ao inverter os valores da sociedade tradicional permeados pela ética e pela moral, ela abandona e responsabiliza o sujeito por suas ações e decisões no terreno social, causando, assim, certo desconforto ou desamparo subjetivo que precisa ser reparado pelo uso de substâncias como álcool, drogas, psicofármacos etc. para o alívio temporário de tais angústias da atualidade.

Desta maneira, Birman considera, portanto, que vivemos numa sociedade de frustrações sociais onde se perdem o sentido do tempo histórico e as referências subjetivas, tamanha é a volatilidade dos acontecimentos em nome de uma *mise-en-scène* exibicionista e autocentrada na qual as relações inter-humanas são esquecidas ou deixadas em segundo plano. Nesse cenário de extrema individualidade em que o sujeito busca, incessantemente, o reconhecimento pessoal e ascensão social, a impossibilidade de tais conquistas produz o sentimento de mal-estar que pode levá-lo à toxicomania, ao abuso de substâncias psicoativas etc. No caso específico dos sujeitos errantes, essas configurações sociais aparentemente tornam-se ainda mais trágicas.

Depois de apresentadas essas considerações sobre o indivíduo, a errância e o uso de álcool, serão delimitados os resultados desta investigação de mestrado através das categorias analíticas elaboradas a partir da sistematização dos dados. Sendo assim, inicialmente será apresentado o percurso metodológico que delineou a pesquisa de campo para que o leitor possa acompanhar, passo a passo, como se estabeleceram as principais etapas deste trabalho e como se configuraram as categorias de análise. Portanto, só nos resta esperar que este trabalho e suas conseqüentes discussões possam instigar o leitor e outros pesquisadores interessados neste assunto a investigar novas possibilidades e realizar pesquisas futuras.

# 1
## PERCURSO METODOLÓGICO:
## A PESQUISA QUALITATIVA EM CIÊNCIAS HUMANAS

## Contexto da pesquisa

O local escolhido para entrevistar e ouvir os participantes desta investigação foi o Cetrem (Centro de Triagem e Encaminhamento Migrante) da cidade de Assis (SP). Trata-se de uma instituição assistencial, mantida pela prefeitura municipal, que tem como proposta de trabalho o recolhimento de pessoas desamparadas que circulam ou transitam temporariamente pela cidade (itinerantes, trecheiros, famílias desprovidas de assistência médico-psicológica etc.) ou que nela residem, sobrevivendo da mendicância (mendigos e moradores de rua).

Após o recolhimento, essas pessoas são encaminhadas para outros estados e municípios mediante a concessão de passes de ônibus intermunicipal e interestadual, numa parceria entre a prefeitura e as empresas concedentes. Normalmente, o destino são cidades que se situam no norte do estado do Paraná, sul de Mato Grosso e oeste paulista, regiões estas que ainda empregam mão-de-obra volante na agricultura, principal fonte de trabalho para muitos desses sujeitos que se encontram em trânsito. Entretanto, nem todos são bem-sucedidos em sua empreitada, pois há um número mensal limitado de passes de ônibus. Aos que não conseguem o benefício, resta contar com a própria sorte e seguir a pé pelos acostamentos das rodovias, já que o tempo de permanência permitido na referida instituição gira em torno de dois dias. Esse período pode ser ampliado em casos extremos, como problemas de saúde, e nesse caso os doentes são encaminhados pela assistência social a um posto de atendimento próximo.

De acordo com os dados do próprio Cetrem, cerca de 260 pessoas transitam mensalmente nessa instituição, com um fluxo anual em torno de 3.000 pessoas, geralmente trabalhadores rurais desempregados e sem vínculos com os familiares. Pela instituição circula todo tipo de pessoas desprovidas economicamente, desde bóias-frias, vendedores ambulantes, *hippies*, trecheiros, andarilhos, até pessoas que perderam todos os seus pertences ou que foram roubadas durante uma viagem. O Cetrem fica bem próximo à Rodovia Raposo Tavares (SP-270), principal malha rodoviária que liga a capital de São Paulo ao extremo oeste do estado.

Pelo fato de se localizar na SP-270, entre Ourinhos e Presidente Prudente, a cidade de Assis tornou-se uma das principais rotas para esses sujeitos, pois se trata de passagem obrigatória para quem se desloca para o norte do Paraná e o estado de Mato Grosso do Sul. Além dessa importante via de passagem, há uma interseção para o norte do estado de São Paulo através da SP-333, que liga Assis a Ribeirão Preto. Por estas e por outras razões é que escolhemos o Cetrem e a cidade de Assis para o desenvolvimento desta pesquisa.

Vale ressaltar, também, que pelo próprio caráter errático desses sujeitos, que quase não procuram as instituições assistenciais dos municípios e estão sempre em circulação pelas rodovias, nem sempre nossas visitas ao Cetrem se efetivavam de maneira satisfatória. Outro fator que dificultou os primeiros contatos com os trecheiros está relacionado ao termo de consentimento a ser assinado por eles, devido à exigência da Resolução 196/96 do Comitê de Ética em Pesquisa do Ministério da Saúde. Tal medida era interpretada por eles como ameaçadora quando associavam o pesquisador à figura de um agente ligado ao poder Judiciário. Tal situação foi solucionada após o bom relacionamento estabelecido com eles durante certo tempo.

NOMADISMOS CONTEMPORÂNEOS    23

Ainda assim, mesmo depois de se ter conseguido estabelecer uma certa confiabilidade, as entrevistas avançaram gradativamente. Após a finalização da coleta de dados, as entrevistas foram transcritas na íntegra para que não se perdessem os detalhes apresentados pelos sujeitos em seus depoimentos, e foi mantido seu caráter de oralidade. Esta etapa, embora exaustiva, possibilitou as primeiras impressões sobre a trajetória de vida desses sujeitos e permitiu, posteriormente, a sistematização e elaboração das categorias de análise.

## Participantes

Participaram desta pesquisa 16 trecheiros do sexo masculino que faziam, assumidamente, uso de bebidas alcoólicas. Trata-se de indivíduos que perambulam a pé de cidade em cidade em busca de trabalho, sobrevivendo da mendicância e, eventualmente, da ajuda de organismos assistenciais. Em geral, não trabalham regularmente e não possuem residência ou qualquer tipo de fixação psicossocial.

Deve-se também enfatizar que as entrevistas foram realizadas somente após a aprovação formal do Comitê de Ética em Pesquisa da Famema (Faculdade de Medicina de Marília, SP). Vale ressaltar que serão utilizados códigos específicos para os nomes dos participantes a fim de preservar a integridade, o sigilo, a confidência e o anonimato dos depoimentos, conforme estabelece a Resolução 196/96 do Ministério da Saúde.

## Instrumento

Para responder às indagações, a pesquisa devia ser dirigida de modo que atendesse a alguns critérios básicos, como considerar o contexto institucional em que se inserem os participantes, construir um ambiente favorável a pesquisador e pesquisado, além de levar em consideração as próprias narrativas dos participantes sem qualquer tipo de pré-julgamento.

24    EURÍPEDES COSTA DO NASCIMENTO

Para atender a essas inquietações, foi elaborado um roteiro de entrevista estruturado. A opção por este tipo de instrumento, embora possa ser criticada por direcionar e afunilar o exame do fenômeno investigado, pode ser explicada, neste estudo, em função das pesquisas preliminares realizadas na iniciação científica[1] que apresentaram como eixos comuns os mesmos delineamentos temáticos da pesquisa atual, na qual os roteiros semi-estruturados permitiram a elaboração, a partir dos eixos-norteadores, dos módulos temáticos. Ou seja, em ambas as pesquisas de iniciação científica, os roteiros semi-estruturados permitiram inferir que os módulos temáticos desta investigação não se distanciariam daqueles encontrados nas pesquisas anteriores.

Entretanto, como as pesquisas de iniciação científica se constituíram num estudo preliminar, este trabalho procurou aprofundar as temáticas seguindo regras criteriosas e tomando o devido cuidado para não restringir ou limitar os depoimentos dos sujeitos ao roteiro previamente elaborado. Segundo Richardson et al. (1985), o valor da entrevista estruturada "... necessariamente pressupõe o conhecimento das perguntas mais relevantes e, o que é mais importante, pressupõe o conhecimento das principais respostas fornecidas pelas pessoas" (p.161). Ou seja, o objetivo é obter dos entrevistados respostas às mesmas perguntas, permitindo que todas elas sejam comparadas com o mesmo conjunto de perguntas e que as diferenças reflitam dessemelhanças entre os respondentes e não nas perguntas.

Chizzotti (1991) argumenta ainda que para a utilização deste tipo de entrevista o pesquisador precisa estar atento aos critérios de planejamento para que não negligencie os aspectos essenciais da pesquisa. Desse modo, é necessário que ele tenha certo conhecimento *a priori* sobre os objetivos a ser pesquisados, pois a entrevista estruturada exige que o pesquisador

---

1 As pesquisas desenvolvidas no ano de 1998-99 foram, respectivamente: "Vidas errantes e alcoolismo: estudo entre o uso de bebidas alcoólicas e a errância" e "Errâncias e errantes: estudo sobre as reservas da vida sedentária, o alcoolismo e a infidelidade", ambas sob orientação do professor Dr. José Sterza Justo, da Unesp/Câmpus de Assis, com bolsas concedidas pelo CNPq/Pibic, cujos resultados foram publicados posteriormente (cf. Nascimento & Justo, 2000).

... saiba claramente as informações que busca, o objetivo da pesquisa e de cada uma das questões, o que e como pretende medir ou confirmar suas hipóteses. É uma tarefa que exige critério e planejamento para exaurir todos os aspectos dos dados que se quer obter, sem negligenciar os aspectos essenciais da pesquisa. (ibidem, p.55-6)

Coube exclusivamente ao pesquisador a responsabilidade pela condução das entrevistas aplicadas aos trecheiros que aceitaram participar deste trabalho, procurando construir uma situação de interação que permitisse a expressão dos sentidos acerca da temática central. O registro das entrevistas foi feito com o recurso de um gravador a partir do momento em que os sujeitos da pesquisa concordaram com o uso deste equipamento, com o compromisso de garantir sua privacidade, respeitando, ainda, seus valores culturais, sociais etc. A fim de facilitar um melhor desencadeamento das questões propostas, o roteiro de entrevista foi dividido em quatro módulos temáticos, conforme apresentados a seguir:

Módulo I: História de vida

Este módulo teve como orientação as relações estabelecidas pelo sujeito em seu meio familiar originário antes do processo de desfiliação da vida sedentária e também o mapeamento das cidades em que residiu ao longo de toda a vida.

Módulo II: Rupturas de vida

Nesse bloco, as perguntas elaboradas tiveram como objetivos principais delinear os motivos que levaram o sujeito ao processo de ruptura com a vida sedentária e isolamento no trecho, o tempo no trecho, suas percepções de vida ao longo dos anos, as atividades profissionais exercidas antes do processo de desfiliação, bem como os modos de sobrevivência e os eventos marcantes na estrada.

Módulo III: Uso do álcool

Este módulo teve como finalidade explorar exclusivamente as questões referentes ao consumo de bebidas alcoólicas, procurando investigar os motivos, as causas e as influências que haviam levado ou ainda levavam o sujeito à ingestão dessa substância, a idade em que começou a fazer uso da bebida, o primeiro contato com o álcool e como conseguia a bebida na estrada.

Módulo IV: Perspectivas de vida

O módulo IV procurou investigar as reflexões dos sujeitos sobre as situações vivenciadas por eles na errância e quais eram suas perspectivas quanto à vida errante, ao uso de álcool e aos vínculos familiares.

## Procedimentos

Os procedimentos para a fundamentação e a sistematização dos dados de uma pesquisa vêm afinal a ser a espinha dorsal de toda e qualquer investigação de cunho qualitativo. Via de regra, a pesquisa qualitativa é a estratégia de classificação de um fenômeno aparentemente imponderável que, fixando premissas de natureza ontológica e semântica, instrumentaliza o reconhecimento do evento, a análise do comportamento nele observado e suas relações com outros eventos (Pereira, 1999). Trata-se, portanto, de uma pesquisa preocupada com os sujeitos no mundo, que enfatiza sua realidade e toda a complexidade que os envolve e propicia, ainda, a possibilidade de descobrir o potencial de suas percepções e sua subjetividade (Martins & Bicudo, 1989).

A pesquisa qualitativa se baseia, ainda, "... na premissa de que os conhecimentos sobre os indivíduos só são possíveis com a descrição da experiência humana, tal como ela é vivida e tal como ela é definida pelos seus próprios atores" (Polit & Hungler, 1995, p.270). Desse modo, além de considerar os aspectos semânticos presentes num dado contexto, a pesquisa qualitativa precisa de técnicas criteriosas para fundamentar o material a ser analisado posteriormente. Nesse sentido, optamos pela técnica da *análise de conteúdo* (Bardin, 1979) para a sistematização dos dados, pois acreditamos que ela possibilita uma compreensão sistemática dos comportamentos e experiências do ser humano e não somente a explicação dos fenômenos estudados.

Segundo Chizzotti (1991), a *análise de conteúdo* desenvolvida por Bardin é uma das técnicas mais utilizadas nas abordagens qualitativas, pois, além de preservar os princípios básicos da pesquisa, pode fornecer um meio adequado para melhores sistematização e análise dos dados. Portanto, após a finalização das entrevistas, realizadas no período de março a junho de 2003, os dados coletados foram categorizados e analisados com a utilização dessa técnica. Para a elaboração das categorias, seguimos as seguintes etapas apresentadas por Bardin (1979):

a) Transcrição na íntegra das entrevistas gravadas: é a etapa mais prolongada de todo o processo de análise; o pesquisador precisa estar atento aos detalhes de cada narrativa emitida pelo entrevistado, pois qualquer omissão pode camuflar o objeto de investigação.

b) Leitura flutuante do *corpus* (pré-análise): trata-se da realização de várias leituras e releituras do material a ser analisado a fim de sistematizar e codificar os dados coletados.

... a codificação corresponde a uma transformação – efetuada segundo regras precisas – dos dados brutos do texto, transformação esta que, por recorte, agregação e enumeração, permite atingir uma representação do conteúdo, ou da sua expressão, suscetível de esclarecer o analista acerca das características do texto. (Bardin, 1979, p.103)

c) Análise temática: consiste na separação e na identificação dos temas abordados em unidades de registro (núcleos de sentido) com o fim de agrupá-los, posteriormente, em categorias e subcategorias. Desse modo,

... fazer uma análise temática consiste em descobrir os "núcleos de sentido" que compõem a comunicação e cuja presença ou freqüência de aparição podem significar alguma coisa para o objetivo analítico escolhido. (ibidem, p.105)

Após esta etapa minuciosa de análise, os dados são categorizados segundo regras precisas que levem em consideração os elementos constitutivos das narrativas transcritas na íntegra.

> ... a *categorização* é uma operação de classificação de elementos constitutivos de um conjunto, por diferenciação e, seguidamente, por reagrupamento segundo o gênero (analogia), com critérios previamente definidos. As categorias são rubricas ou classes, as quais reúnem um grupo de elementos (unidades de registro, no caso da análise de conteúdo) sob um título genérico, agrupamento esse efetuado em razão dos caracteres comuns destes elementos. (ibidem, 1979, p.117, destaque do original)

d) Resultados e interpretação: refere-se à organização de uma estrutura condensada das informações com apresentação de trechos das entrevistas que caracterizem os diferentes temas abordados para permitir confrontos e discussões com referencial teórico, a fim de elaborar um conjunto de interpretações que abarquem as consistências dos dados apresentados.

## Estratégia de apresentação

Concluída a etapa de sistematização dos dados, refletiu-se sobre qual a melhor estratégia de apresentação dos resultados para o leitor. A posição que o pesquisador de campo assume em seu trabalho pode ser um fator decisivo para o que se pretende obter na investigação e para a sua transmissão satisfatória para outras pessoas. Com isso em mente, decidiu-se apresentar os resultados de nossa pesquisa com a descrição de categorias analíticas – ilustrando-as, em algumas passagens do texto, com as próprias narrativas dos participantes –, fundamentadas, como já indicamos, na técnica da análise de conteúdo que delineou todo o processo de categorização. Assim, esperamos que os capítulos subseqüentes demonstrem ser análises efetivas de significados que levem a formar uma ponte entre o mundo da errância e o de nossos leitores.

# 2
# ANDANDO NA CORDA BAMBA: AS RELAÇÕES DO INDIVÍDUO NO ESPAÇO SOCIAL CONTEMPORÂNEO

Compreender as relações sociais estabelecidas pelo indivíduo na contemporaneidade é um fator primordial para a análise das condições que facilitam a expansão do fenômeno da errância. A sociedade atual, pelo alto nível de sofisticação tecnológica, vem se tornando cada vez mais uma sociedade competitiva em que o individualismo e as concorrências para alcançar certo *status* social se apresentam como a marca registrada das estruturas contemporâneas. O sujeito, mergulhado neste contexto, não foge à regra da individualidade, em busca de reconhecimento e poder.

A individualização do sujeito moderno – competitivo, auto-suficiente, dono de si – está fincada no surgimento da burguesia, classe composta por grandes comerciantes que monopolizam completamente o governo das cidades nos séculos XVI e XVII. Nesse período, as cidades passam a adquirir um caráter fundamentalmente econômico, e o homem passa a valer não pelo que é, mas pelo que possui. (Kalina & Kovadloff, 1999, p.85-125). Nessa época

> ... a profissão passa a definir a essência da pessoa. O cidadão é agora, e antes de tudo, o homem ativamente integrado ao processo produtivo. A atividade profissional consolida-se ainda mais como fator condicionante das possibilidades de realização pessoal. (ibidem, p.110-11)

Entretanto, as questões cruciais para o indivíduo se apresentam a partir da irradiação do capitalismo na cultura ocidental do século XVIII. A configuração do capitalismo nesse período, com a crescente industrialização e os avanços científico e tecnológico, mudou não apenas os modos de produção existentes, mas também os processos de subjetivação do homem contemporâneo. Com a instituição do capitalismo, surge o indivíduo encerrado em si mesmo, distanciado do outro e do coletivo por estar inserido numa cultura que incentiva, crescentemente, a competitividade, o individualismo e o egoísmo, desestruturando os referenciais de sua integridade e sua estabilidade psicossocial, fazendo-o desmoronar ou "desmanchar-se no ar" (Berman, 1986).

Nesse sentido, Berman (ibidem) comenta que as transformações dos valores, a inconsistência dos processos de identificação, a instabilidade, as dissociações dos espaços público e privado acabaram provocando profundas modificações na constituição e no desenvolvimento da identidade pessoal do sujeito na modernidade. Segundo o autor, o conceito de modernidade pode ser compreendido aqui como uma vida de paradoxo e contradição, pois

> ... promete aventura, poder, alegria, crescimento, autotransformação ... mas ao mesmo tempo ameaça destruir tudo o que temos, tudo o que sabemos, tudo o que somos ... é uma unidade de desunidade: ela nos despeja a todos num turbilhão de permanente desintegração e mudança, de luta e contradição, de ambigüidade e angústia. (p.15)

Entretanto, estas características são apresentadas por Bauman (1998) como uma condição tipicamente pós-moderna, pois, segundo ele, estamos vivendo num ambiente completamente imprevisível, efêmero e mutável, em que a incerteza e a insegurança permeiam o *habitat* social tornando-o incontrolável e corrosivo, impulsionando o ser humano ao sentimento de mal-estar e de incredulidade quanto ao futuro.

> A imagem do mundo diariamente gerada pelas preocupações da vida atual é destituída da genuína ou suposta solidez e continuidade que costumavam ser a marca registrada das "estruturas" modernas. O senti-

mento dominante, agora, é a sensação de um novo tipo de incerteza, não limitada à própria sorte e aos dons de uma pessoa, mas igualmente a respeito da futura configuração do mundo, da maneira correta de viver nele e dos critérios pelos quais julgar os acertos e erros da maneira de viver. (ibidem, p.32)

Em sua descrição sobre "a condição pós-moderna", Lyotard (1996) mostra que o principal fracasso da modernidade foi exatamente tentar reduzir a totalidade da vida a disciplinas especializadas, a sistemas universalizantes-excludentes, autoritários, produzindo um certo desencanto do indivíduo com o mundo. Deste modo, a pós-modernidade é compreendida por Lyotard como a expressão de uma crise da inquietude diante de um modelo de racionalidade caracterizado pela valorização do fragmentário, provisório e volátil, em que a sofisticação tecnológica se expressa de maneira artificiosa e refinadamente complexa.

Entretanto, seja qual for o nome dado à sociedade contemporânea – modernidade, alta modernidade, pós-modernidade, sociedade pós-industrial, sociedade de controle –, o fato é que estamos numa época em que a flexibilidade, a pluralidade, a expansão do tempo e do espaço, a realidade virtual, a exigência de movimentação e a incerteza povoam sobejamente o cotidiano do sujeito. O ser humano parece viver hoje uma condição de desenraizamento sem precedentes que o torna um sujeito circulante, em movimento, seja no espaço geográfico, seja nos espaços social e psicológico. Desse modo, o que parece estar em jogo no cenário social contemporâneo é a performance narcísica do eu na demanda de autocentramento, característica que se torna uma marca espetacular de um individualismo positivo.

## Individualismo positivo: a primazia por excelência

Se consideramos que o espaço social da atualidade é um lugar onde se encena a teatralização da vida cotidiana em que cada sujeito individualiza suas ações em busca do reconhecimento e dos aplausos por suas realizações grandiosas, estamos diante, portanto, de uma sociedade mediada pela valorização da imagem e da primazia por excelência. Alain Ehrenberg (1991) é quem nos dá as primeiras dicas dessa encenação do individualismo contemporâneo em seu fascinante ensaio sobre "o culto da performance". Segundo suas análises, vivemos numa sociedade em que a norma é a "eleição de si mesmo" diante das concorrências que se apresentam para o sujeito no mundo, pois é ele próprio quem precisa criar condições para sua visibilidade no cenário social. Desse modo, é o "investimento de si mesmo" que determina as novas relações do indivíduo com o meio social, num verdadeiro *culto da performance* no qual o que importa é a realização pessoal "em nome de si mesmo", mediante um autêntico processo de individualização.[1]

Birman (2000) comenta que essas transformações sociais inverteram os modelos de referência subjetiva do sujeito, que no início do século XX, com a psicanálise freudiana e o marxismo, eram centralizados na ordem do desejo. Assim, pela metáfora do desejo, o sujeito poderia "... transformar a si mesmo e ao mundo ... de maneira a poder reinventar a si mesmo e a ordem social ... Foi justamente essa crença que se perdeu na pós-modernidade" (ibidem, p.82-4). Assim, a construção da subjetividade passou da ordem do desejo para uma "... modalidade de pensamento fundada, exclusivamente, na exaltação da individualidade" (ibidem, p.85).

Portanto, o indivíduo atual pode ser compreendido como um *indivíduo conquistador*, cujo principal dispositivo social e subjetivo é a "referência a si mesmo" como critério fundamental para a preservação da própria sobrevivência (Ehrenberg, 1991). Nesse contexto, o indivíduo conquistador é o único responsável por suas ações no terreno social, pois cabe a ele administrar sua própria existência e tornar visível sua identidade singularizada. Conforme Ehrenberg (ibidem), "... nós somos de agora em diante, intimados a nos tornar

---

1 Parte das reflexões desenvolvidas a seguir sobre o indivíduo e sua performance narcisista foi publicada pelo autor na revista *Psico* da PUCRS (cf. Nascimento, 2003).

os empresários de nossa própria vida ... Cada indivíduo deve, então, se inventar a si mesmo no presente, singularizando-se por sua ação pessoal" (p.16-7). Nesse sentido, cabe ao indivíduo a responsabilidade por suas ações, seus sucessos e fracassos no espaço social, pois a imagem e o *marketing* pessoal são o que determina as chances e oportunidades de alcançar o tão almejado *status* na cultura das aparências.

> Não basta mais saber trabalhar, é preciso saber, tanto quanto, vender e se vender. Assim, os indivíduos são levados a definir, eles próprios, sua identidade profissional e a fazer com que seja reconhecida numa interação que mobiliza tanto um capital pessoal quanto uma competência técnica geral. (Castel, 1998, p.601)

A sociedade individualista também pode ser caracterizada pelos conceitos de *cultura do narcisismo* (Lasch, 1983) e *sociedade do espetáculo* (Debord, 1991). Em ambos os conceitos, a sociedade estaria centrada no eu da individualidade auto-referente, para a qual a exigência de espetáculo e encenação de si mesmo é a garantia de visibilidade do sujeito no espaço social. De acordo com Birman (2000), esses conceitos "... construíram um modelo de subjetividade em que se silenciam as possibilidades de reinvenção do sujeito e do mundo" (p.85). Desta forma, o lugar conferido ao desejo desmorona diante dos enaltecimentos narcísicos do eu, na demanda de autocentramento, levando possivelmente às crises de identidade, às crises situacionais no contexto geral de vivência do homem, tanto no espaço privado (família) como no espaço público (sociedade).

> O espetáculo não é um conjunto de imagens, mas uma relação social entre pessoas, mediada por imagens ... é a *afirmação* da aparência e a afirmação de toda vida humana – isto é, social – como simples aparência. Mas a crítica que atinge a verdade do espetáculo o descobre como a *negação* visível da vida; como a negação da vida que *se tornou visível*. (Debord, 1991, p.14-6, destaque do original)

Deste modo, é a performance narcisista que parece interessar na sociedade do espetáculo, em que o jogo de imagens e o *marketing* pessoal do indivíduo precisam ganhar espaço na teatralidade social e sobressair com sucesso em qualquer circunstância. Assume, nesse caso, um caráter eminentemente maquiado no sentido da busca pela grandeza de admiração dos outros – aqui os afetos e as relações de intimidade se configuram em segundo plano, sem muita importância. Conforme Lasch (1983):

> ... o sucesso aparece como um fim em si mesmo ... as aparências – as "imagens de vitória" – contam mais que o desempenho, a atribuição mais do que a realização ... Nada faz mais sucesso do que a aparência de sucesso ... Hoje em dia, os homens buscam o tipo de aprovação que aplaude não suas ações, mas seus atributos pessoais. Desejam não tanto ser estimados, mas sim admirados. Desejam não a fama, mas o fascínio e a excitação da celebridade. Querem antes ser invejados que admirados. (p.86-7)

Portanto, numa sociedade caracterizada pela individualidade, o que importa é a própria expansão, a valorização e a inflação do eu do indivíduo na teatralidade do mundo, ou seja, a busca crescente de reconhecimento pela *estetização da existência* – aqui entendida como a encenação de si e não como invenção de si –, que toma volume como estilo existencial do sujeito e determina como ele deve se apresentar no espaço social para alcançar sucesso e reconhecimento (Lasch, 1983; Debord, 1991; Birman, 2000).

Calligaris (1999), ao analisar as fundações do sujeito colonial, apresenta considerações semelhantes dos autores acima ao assinalar como o luxo, nas diferentes épocas, se transformou do reino da necessidade para determinar o grau de coesão e diferença social na modernidade. Conforme o autor, nas sociedades tradicionais, o luxo, como bem supérfluo, nunca decidiu as classes e nem era constitutivo de superioridade, mas apenas um atributo das castas superiores que regulavam a organização social. Com o advento da modernidade, rompe-se com a tradição das leis suntuárias e o acesso ao luxo é que decide a classe e o posicionamento social do sujeito. Desse modo, o autor acrescenta que o lugar social de cada um:

NOMADISMOS CONTEMPORÂNEOS **35**

... passa a ser decidido pelo reconhecimento que ele obtém dos outros, e os objetos de desejos passam a valer como meios para conseguir um lugar ao sol ... Qualquer bem é, portanto, um luxo, pois serve ao funcionamento da diferença social, mais do que à simples satisfação da necessidade ... Minhas posses me distinguem tanto quanto meus atos. (Calligaris, 1999, p.14-7)

Assim, as inter-relações pessoais e o reconhecimento da diferença e da singularidade do outro, na área da psicologia designada como *alteridade*, são colocados em segundo plano na sociedade do espetáculo, pois o que interessa para o próprio indivíduo é a exaltação narcísica do eu e o engrandecimento de si mesmo em qualquer circunstância. De acordo com Birman (2000), "... o outro lhe serve apenas como instrumento para o incremento da auto-imagem, podendo ser eliminado como um dejeto quando não mais servir para essa função abjeta" (p.25). Podemos verificar aqui, segundo o autor, uma espécie de manipulação do corpo do outro como técnica de existência para a individualidade, pois para o sujeito não importam mais os afetos, mas a tomada do outro como objeto de predação e gozo, por meio do qual se enaltece e glorifica-se.

Contudo, esse processo de individualização na sociedade moderna apresenta efeitos contrastantes, pois, se por um lado reforça o *individualismo positivo* – em que o sujeito se apresenta com necessidade de investir em si mesmo para conquistar reconhecimento e *status* social –, por outro dá origem a um *individualismo negativo* constituído pelo enfraquecimento da possibilidade de ascensão social de uma camada menos favorecida economicamente, como nos casos extremados de mendigos, moradores de rua, trecheiros, andarilhos de estrada e tantos outros.

## Individualismo negativo: a decadência da imagem

O individualismo negativo, compreendido aqui como conseqüência da falta de oportunidades para a realização pessoal e social de determinados sujeitos em função de suas insatisfatórias habilidades profissionais e das exigências cada vez maiores do mercado de trabalho, parece ser um dos principais problemas decorrentes dessa sociedade altamente sofisticada que não reconhece os fracassados da cultura do narcisismo. Sem eira nem beira, esses sujeitos esquecidos pelas políticas sociais do governo vivem de maneira extremamente precária à borda da sociedade, sem cidadania, ignorados e banalizados por aqueles que os responsabilizam por estarem nessa condição de vida. Alguns desses sujeitos, diante de um individualismo implacável imposto pela sociedade do espetáculo, radicalizam ao extremo sua condição de vida e partem para a errância como modo de resistir à imposição da cultura do narcisismo mediada pela imagem.

Esse cenário angustiante, individualizante e repleto de contrastes parece propiciar o aparecimento de um *indivíduo incerto* (Ehrenberg, 1995) que procura se manter como pode na corda bamba das turbulências sociais. Conforme Ehrenberg (ibidem), o indivíduo incerto é aquele sujeito que, pressionado pelas exigências socioeconômicas, se vê numa encruzilhada quando não consegue corresponder à altura às solicitações que lhe são feitas e teme pelo próprio fracasso pessoal. Para responder a tais incertezas, precisa construir mecanismos subjetivos que lhe dêem uma suposta solidez em suas ações.

Ainda na mesma obra, Ehrenberg aponta que um dos mecanismos mais utilizados pelos sujeitos nessas situações são as "técnicas de construção de si", que multiplicam as capacidades de ação do próprio indivíduo, construindo para ele uma "sensação de si", ou seja, um apoio ou referência diante das múltiplas solicitações que lhe são feitas, suscitadas por estilos de relacionamento sociais hoje predominantes. Portanto, as "técnicas de construção de si" são um dispositivo social e subjetivo que possibilita ao indivíduo o equilíbrio necessário diante das incertezas e inseguranças no cenário social. Trata-se, enfim, de uma espécie de *homeostasis* subjetiva que regula o *modus operandi* do sujeito no mundo.

O reflexo dessa situação parece impulsionar os indivíduos pouco qualificados profissionalmente e sem condições de investir em si mesmos para uma *zona de desfiliação social*,[2] por não suportarem as condições impostas pela economia de mercado (Castel, 1994, 1998). Segundo Castel, isso resulta na decadência da própria imagem e na precarização do (des)emprego na atual dinâmica da modernização, e possibilita a cristalização de uma sociedade de supranumerários, ou seja, trabalhadores sem trabalho e inúteis para o mundo, que não conseguiram se integrar como pertencentes a uma sociedade que forma um todo de elementos interdependentes. Nas palavras do próprio autor,

> Ocupam, na estrutura social atual, uma posição homóloga à do quarto mundo no apogeu da sociedade industrial: não estão ligados aos circuitos de trocas produtivas, perderam o trem da modernidade e permanecem na plataforma com muito pouca bagagem ... Dificilmente podem ser considerados pelo que são, pois sua qualificação é negativa ... (Castel, 1998, p.530)

Ainda segundo Castel (1994), essa questão pode ser ainda analisada a partir de dois eixos relacionais: o *eixo da relação de trabalho* (que vai da preservação do emprego estável à ausência completa de trabalho) e o *eixo da inserção relacional* (a inscrição nas redes sólidas de sociabilidade sociofamiliar e o isolamento social total). Sob esses dois eixos se circunscrevem diferentes "zonas" no espaço social, de acordo com o grau de coesão que elas asseguram: a zona de integração, a zona de vulnerabilidade e a zona de desfiliação.

Esquematizando: estar dentro da *zona de integração* significa que se dispõem de garantias de um trabalho permanente e que se pode mobi-

---

2 Preferencialmente, o termo "desfiliação" (*do francês desaffilié*) empregado por Robert Castel, será utilizado nesse trabalho por uma opção teórica e semântica. Embora não tenha uma tradução em língua portuguesa, por se tratar de um neologismo em língua francesa, este termo pode ser compreendido por um desligamento, uma desafiliação, desqualificação com as estruturas sociais (jamais um rompimento), ao passo que "exclusão" define, por si mesma, uma ausência completa e um rompimento definitivo de relação com o social, o que não acreditamos ser necessariamente verdadeiro (cf. Castel, 1998).

38 EURÍPEDES COSTA DO NASCIMENTO

lizar suportes relacionais sólidos; a *zona de vulnerabilidade* associa precariedade do trabalho e fragilidade relacional; a *zona de desfiliação* conjuga ausência de trabalho e isolamento social. (ibidem, p.30, destaque do original)

Portanto, a precarização do emprego é um processo central comandado pelas novas exigências tecnológico-econômicas da evolução do capitalismo moderno, resultando até mesmo na desestabilização dos estáveis, ou seja, os indivíduos que estão dentro de uma zona de integração mas podem perder esse *status* a qualquer momento caso não consigam conectar-se ou adaptar-se às flutuações da demanda social (Castel, 1994, 1998).

Assim, se o indivíduo que estiver inserido na *zona de integração* não possuir condições de "se investir em si mesmo" e criar, incessantemente, seu código de visibilidade social, provavelmente cairá para a *zona de vulnerabilidade* e, conseqüentemente, para a *zona de desfiliação*, pois na atual dinâmica da sociedade parece que "... a zona de integração se fratura, a zona de vulnerabilidade está em expansão e alimenta continuamente a zona de desfiliação ..." (Castel, 1994, p.34). O resultado desse processo de "desfiliação" parece desenvolver, conforme salientado, um *individualismo negativo* porque o sujeito sem dispositivos econômicos e condições pessoais é "convidado" a se retirar do terreno social contra sua própria vontade, devido a sua pouca ou quase nenhuma qualificação profissional, e "... se declina em termos de falta – falta de seguridade, falta de bens garantidos e de vínculos estáveis" (Castel, 1998, p.598).

Nesse ponto, tanto o *individualismo positivo* como o *individualismo negativo* parecem não prover garantias concretas de um projeto futuro para o sujeito. Os reflexos dessa situação parecem incidir de forma avassaladora sobre a subjetividade, gerando em alguns indivíduos inseridos na zona de desfiliação certa instabilidade socioafetiva, pois "... da liberdade conhecem, sobretudo, a falta de vínculos e, da autonomia, a ausência de suportes" (ibidem, p.598). Nesse sentido, de que alternativas o sujeito, enquanto ser no mundo, dispõe para enfrentar as adversidades sociais que se refletem em suas vivências afetivas e familiares, gerando um ciclo vicioso que parece condicioná-lo à desfiliação e à perda de referências?

Segundo Ehrenberg (1995), um dos recursos disponíveis mais utilizados pelos sujeitos nessas condições é o acesso às drogas, lícitas ou não, na busca de sensações para fazer face ao sentimento de existir e de ser reconhecido pelo outro, mesmo que ilusória e temporariamente. Nesse caso, as drogas (o uso do álcool aí incluído) servem ainda "... para mitigar as desesperanças das individualidades, para apaziguar as angústias e as tristezas daquelas no desamparo provocado pelo mal-estar na atualidade" (Birman, 2000, p.239).

Assim, o crescimento da vulnerabilidade social, a desfiliação, a segregação e a pobreza parecem ser expressões de uma política neoliberal expandida pela economia globalizada que causa, em última instância, a precarização das relações de trabalho, que tem por conseqüência direta a desestruturação do emprego, o surgimento de uma classe cada vez maior de miseráveis e, por vezes, a viagem ao alcoolismo e às toxicomanias, a venda do próprio corpo, o tráfico de drogas e a busca de alternativas de sobrevivência que surpreendem a própria capacidade de entendimento do ser humano.

Portanto, o indivíduo contemporâneo parece estar andando na corda bamba, sem equilíbrio e garantias futuras, sem alternativas concretas de realizações, testado e avaliado a todo o momento, tendo que se manter como pode num cotidiano imprevisível e sobrecarregado de pressões por todos os lados. Em meio a tantas turbulências no espaço social, parece que a única coisa que resta aos desfiliados é a própria individualidade negativa. É possível imaginar algo pior?

# 3
## SEM EIRA NEM BEIRA: ERRÂNCIA, USO DE ÁLCOOL E DESQUALIFICAÇÃO SOCIAL

Adentrar no universo da errância e tentar compreender como se constitui esse fenômeno tão presente na sociedade atual não é tarefa fácil, dadas as condições inóspitas e adversas que o trecheiro enfrenta dia a dia pelas rodovias brasileiras. Sem destino certo, a perambulação constante pelos acostamentos das estradas acaba por se constituir em sua morada definitiva, o seu lar perene e tosco onde tudo é improvisado para manter a subsistência, desde um lugar para dormir ou se abrigar das adversidades climáticas, como o frio e a chuva, até as estratégias para conseguir comida e cuidar da higiene pessoal.

Indubitavelmente, a fome e a sede são os principais desafios a ser enfrentados pelos trecheiros para a sobrevivência. A grande maioria tenta fazê-lo mediante trabalhos temporários ou eventuais – os chamados *bicos* –, quando os encontram pelo caminho, e apenas admitem pedir comida nos postos de gasolina situados à beira das rodovias em casos de extrema necessidade. Nesse sentido, a estratégia mais utilizada parece ser uma história de vida de caráter dramático e comovente – também conhecida por *mangueio, acharque, um-sete-um*.[1]

---

1 Gírias utilizadas pelos trecheiros para pedir dinheiro ou comida, conforme Brognoli (1997).

## 42 EURÍPEDES COSTA DO NASCIMENTO

Diferentemente do que ocorre com a maioria dos itinerantes que escolhe o percurso em função das oportunidades de trabalho, o trecheiro não determina o trajeto a ser percorrido porque não tem destino certo e definido ao perambular pelas estradas. Nesse caso, não é a busca direcionada do trabalho que determina a rota a ser seguida, pois o trecheiro segue para lugar nenhum. A busca pelo trabalho pode funcionar apenas como uma maneira para se manter sempre em movimento. Mesmo quando ele encontra condições favoráveis para fixar-se, a tendência é abandonar esse posto tão logo ele comece a lhe exigir a permanência num mesmo lugar (Brognoli, 1997).

Entretanto, a falta de trabalho ou a busca dele parecem não ser a única explicação possível para determinar a causalidade da errância e a movimentação do trecheiro, pois, além dos fatores socioeconômicos que contribuem para a ruptura com os nichos sedentários, aspectos de ordem psicológica devem ser considerados na compreensão desse fenômeno. A opção de abandonar o sedentarismo por uma vida mais nômade pode incluir, entre outros fatores, a instabilidade afetiva nos relacionamentos amorosos, a desintegração no núcleo familiar ou simplesmente a busca por uma vida mais livre das imposições sociais (Nascimento & Justo, 2000; Peres, 2001). Portanto, o fenômeno da errância precisa ser analisado como dotado de uma causalidade múltipla e complexa, e não somente como proveniente de um determinismo sócio-histórico de um dado contexto cultural.

## Trecho e trecheiro

Ao percorrer as rodovias do país, não é difícil encontrar trecheiros e andarilhos de estrada caminhando solitariamente pelos acostamentos das rodovias com um saco às costas onde carregam todos os seus pertences. No saco, também conhecido por *gogó de ema*,[2] normal-

---

2 De acordo com Justo & Nascimento (2005), *gogó de ema* é uma gíria utilizada pelos andarilhos e trecheiros para designar o saco que carregam. Segundo os próprios trecheiros, tal como o papo da ema, o saco também comporta qualquer

NOMADISMOS CONTEMPORÂNEOS **43**

mente carregam objetos utilitários, como uma troca de roupa, um cobertor para se proteger do frio, uma lona de plástico para se abrigar da chuva, a *cascuda* (utensílio para colocar comida que ganham de outrem), a *pá* (colher para comer) e a *muringa*[3] (caneca de plástico para tomar água e álcool).

O andar compassado e sem pressa, as imprevisibilidades no trajeto a ser percorrido e o descanso em lugares improvisados (como a rudeza das matas ou o fundo de uma borracharia dos postos de gasolina, quando os encontram pelo caminho) tornam-se uma rotina na vida de quase todos os trecheiros e andarilhos de estrada. Sem se diferenciar desse *habitat* tipicamente marcado pela natureza, o trecheiro pode ser compreendido como a expressão de um mimetismo ambulante, confundido com a própria paisagem do lugar, que passa às vezes despercebido aos olhos de quem trafega com seu veículo nas rodovias, já que essas pessoas em geral têm necessidade de deslocar-se com rapidez de uma cidade a outra em função de trabalho, reuniões de negócios, eventos etc.

Curiosamente, o trecho também parece representar para o trecheiro a extensão de seu próprio eu, pois, se ele é apreendido como sua própria casa ou morada fixa, o lugar de sua intimidade, é nele que pode ocorrer, portanto, a privatização de sua individualidade, mesmo sendo um espaço de domínio público por onde circulam vários tipos de pessoas e automóveis. Compreendida desta maneira, a vida privada do trecheiro acaba sendo uma vida de exclusividade pública, e seu eu não escapa ao paradoxo contemporâneo de uma privatização do espaço público e uma publicização do espaço privado, tal como assinala Hannah Arendt (1989).

Segundo a análise dessa autora, a privatização do espaço público se dá a partir do momento em que o homem tem a necessidade cons-

---

coisa e está sempre sujo. Brognoli (1997) também encontrou o termo *galo* para referir-se ao saco que esses sujeitos carregam. Embora o autor não tenha definido tal termo, acreditamos que ele seja uma alusão a um objeto sem muita valia, assim como ocorre com essa ave no mercado frigorífico.

3 *Cascuda, pá* e *muringa* são outras gírias utilizadas por grande parte dos trecheiros e andarilhos de estrada.

tante de se distinguir dos demais e demonstrar, graças a realizações grandiosas, que é o melhor de todos. Nesse sentido, o espaço público – que na antiguidade grega era o espaço reservado às discussões políticas – se torna na modernidade o lugar da individualidade por excelência, onde os homens se preocupam em mostrar suas magnificências pessoais intermediadas pela ascensão da esfera social. Ainda de acordo com Hannah Arendt (ibidem), foi justamente o surgimento da esfera social na modernidade que determinou

> ... a completa extinção da própria diferença entre as esferas privada e pública, a submersão de ambas na esfera do social ... a esfera pública porque se tornou função da esfera privada e a esfera privada porque se tornou a única preocupação comum que sobreviveu. (p.79)

Deste modo, o espaço público cede lugar ao espaço privado em que o indivíduo se diferencia dos demais pela promoção do próprio eu na esfera do social, deslocando ou eliminando a noção de espaço público em favor de uma *mise-en-scène* pessoal e espetacular, típica na cultura do narcisismo.

> O motivo pelo qual esse fenômeno é tão extremo é que a sociedade de massas não apenas destrói a esfera pública e a esfera privada: priva ainda os homens não só do seu lugar no mundo, mas também do seu lar privado, no qual antes eles se sentiam resguardados contra o mundo e onde, de qualquer forma, até mesmo os que eram excluídos do mundo podiam encontrar-lhe o substituto no calor do lar e na limitada realidade da vida em família. (ibidem, p.68)

Considerando as análises de Hannah Arendt sobre os espaços público e privado, poderíamos conjeturar que no caso específico da errância o que parece ocorrer é uma fusão entre estes dois espaços, pois a individualidade do trecheiro é potencializada por suas ações no trecho, local em que ocorre também a produção de sua subjetividade cotidiana. Portanto, trecho e trecheiro parecem se (con)fundir, pois ao viver no trecho o trecheiro acaba por expandir sua existência na perambulação, fazendo dele sua morada fixa e ao mesmo tempo provisória, tornando o espaço público lugar de referência para a extensão de sua vida privada. Assim compreendida, a vida do trecheiro se torna uma vida pública sem direito às regalias privadas, pois sua individualidade negativa está aquém das expectativas da celebridade espetacular.

O trecho pode também ser definido como um lugar de deslocamento, transitoriedade, ou como o espaço que liga um ponto a outro no tempo. Pela total exigência de mobilidade psicossocial e geográfica, o trecho parece se constituir, ainda, pela constante movimentação para lugar nenhum. Nesse contexto, podemos considerar esse território de deslocamento dos trecheiros na atualidade como um *"não-lugar"*, tal como assinala Marc Augé (1994). Segundo a definição desse autor, o não-lugar se caracteriza por ser imprevisível, provisório, efêmero, anônimo, circulante, não habitado de maneira estável, enfim, o *não-lugar* é o espaço em trânsito, local por excelência do viajante, do transeunte, dos andarilhos e trecheiros, local também da inquietude, da solidão e, especialmente, do despojamento e da flutuação da identidade.

Compreendido dessa maneira, o não-lugar pode ser expandido também para aqueles indivíduos que não se encontram na errância; seria então uma das características principais da vida contemporânea, em que a tendência é transformar cada vez mais os espaços de trânsito em lugares habitados, como ocorre com a presença cada vez maior do indivíduo nas ruas, nas vias de transporte (aéreas, marítimas e terrestres), nos hotéis, nos shoppings, nas redes de comunicação, nos cibercafés e assim por diante.

> Em outras palavras, a modernidade é a impossibilidade de permanecer fixo. Ser moderno significa estar em movimento. Não se resolve estar em movimento – como não se resolve ser moderno ... Nesse mundo, todos os habitantes são nômades, mas nômades que perambulam a fim de se fixar. Além da curva, existe, deve existir, tem de existir uma terra hospitaleira em que se fixar, mas depois de cada curva surgem novas curvas, com novas frustrações e novas esperanças ainda não destroçadas. (Bauman, 1998, p.92)

46 EURÍPEDES COSTA DO NASCIMENTO

Portanto, o espaço social contemporâneo pode ser considerado o espaço da movimentação e da mobilidade em que a desterritorialização e a provisoriedade tornam a errância um itinerário sem um porto fixo ou estável de ancoragem. As vicissitudes comandadas pelo desenraizamento sociogeográfico desestabilizam, enfim, as certezas e impulsionam o sujeito à inquietação no pensamento, tornando a transitoriedade uma característica marcante da atualidade.

Definitivamente marcados pelas transformações políticas e econômicas das últimas décadas, os trecheiros e os andarilhos de estrada parecem se constituir como representações máximas do enfraquecimento da estrutura social contemporânea caracterizada pela individualidade e pelo enaltecimento do eu. Nesse sentido, ambos podem ser compreendidos como um dos exemplos mais radicais do *individualismo negativo* presente na sociedade contemporânea, pois conjugam a precariedade socioeconômica e a precariedade socioafetiva, principalmente nas relações estabelecidas no núcleo familiar originário. Segundo Justo (1998), a questão da errância na contemporaneidade passa por um complexo conjunto de fatores e apresenta uma de suas facetas mais radicais no caso dos andarilhos de estrada, sujeitos vitimizados por

> ... todas as injunções que marcam essa condição de vida: a ruptura com os nichos de vida e referenciais estáveis para a pessoa (família e demais grupos de pertinência, trabalho, casa, bairro etc.), a perambulação sem destino e incessante, a deserção de toda e qualquer malha da rede social, a pobreza extrema, a impossibilidade de estabelecimento de vínculos afetivos estáveis, a solidão, o desamparo e o desenraizamento completo de qualquer solo geográfico-social-psicológico. (p.127)

Cabe destacar, aqui, que a população de errantes, em nossa sociedade, pode ser classificada em três subgrupos distintos entre si: os *itinerantes*, população que se encontra em trânsito e que migra de uma cidade a outra em busca de trabalho sem se deslocar a pé pelas estradas; os *trecheiros*, população que circula pelas rodovias a pé, de cidade em cidade, sobrevivendo de trabalhos temporários e de eventuais ajudas filantrópicas; e os *andarilhos de estrada*, população composta pelos que vivem perambulando exclusivamente pelos acostamentos das estradas, sem destino, isolados e distantes de qualquer contato com as redes de assistência social (Justo, 2002). Deliberadamente, os andarilhos preferem o estilo de vida solitário, e seus percursos se dão sempre no sentido contrário ao percurso dos automóveis, para evitar possíveis acidentes.

Snow & Anderson (1998) usam também uma outra terminologia para caracterizar o trecheiro, embora não apresentem diferenças acentuadas dos conceitos utilizados por Justo (2002). Assim, o *trecheiro* parece equivaler ao *vacilante* (Snow & Anderson, 1998) que se encontrava na zona de vulnerabilidade e caiu para a zona de desfiliação em virtude de sua desqualificação profissional. Geralmente, evidenciam uma atitude muito mais tolerante com os pares e são mais abertos à interação, além de apresentarem uma certa identidade com o passado recente por estarem num ritual de passagem entre a vida sedentária e a vida errante. Portanto, os *vacilantes*, na terminologia de Snow & Anderson,

> ... são indivíduos que estão nesse estado de liminaridade ou ambigüidade de *status*. Estão num momento de virada crítico de suas vidas, com um pé no mundo domiciliado do passado, com o qual ainda se identificam e em relação ao qual sentem alguma continuidade, e um pé plantado na vida de rua. (ibidem, p.97)

O fenômeno da *errância* parece diferir, ainda, de um outro subgrupo, semelhante aos citados acima, característico da cidade: trata-se dos *citadinos* ou *mendigos* e *moradores de rua*, que normalmente perambulam pelas cidades e permanecem nelas por longos períodos. Geralmente reúnem-se em praças públicas e são mais gregários, até pela condição de habitarem as cidades e compartilharem o uso de bebidas alcoólicas com maior freqüência. Fundamentalmente, o que difere os *citadinos* dos errantes de um modo geral é seu caráter de permanência no espaço urbano, ao passo que os *itinerantes*, os *trecheiros* e os *andarilhos de estrada* sempre se encontram em movi-

48   EURÍPEDES COSTA DO NASCIMENTO

mento de um lugar a outro em busca de trabalho temporário ou eventual, submetendo-se, às vezes, à mendicância como modo de sobrevivência (Justo, 2002).

Vale ressaltar também que, embora apresentem características comuns de deslocamento de um lugar a outro, há algumas diferenças sutis entre os trecheiros e os andarilhos de estrada. Os primeiros não se identificam com o estereótipo que os marca, mantendo, na maioria das vezes, pequenos contatos com os familiares, ao passo que os segundos, além de assumir tal identidade, rompem definitiva e radicalmente com os familiares, os nichos de fixação social e refugiam-se no isolamento e na solidão. Segundo Justo (1998), predominam também na vida errante o estreitamento da sociabilidade e o enfraquecimento dos relacionamentos interpessoais; assim, apesar do isolamento social, parte dos trecheiros ainda fomenta o sonho de retornar ao sedentarismo, conseguir moradia e emprego fixos, reconstituir família etc.

No trecho também é bastante comum encontrar trecheiros e andarilhos com pensamentos delirantes de si e do mundo, tais como: alucinações visuais e auditivas (esquizofrenia), delírios megalomaníacos, imaginações conspiratórias (paranóia) etc. Alguns apresentam ainda delírios derivados do uso prolongado de álcool, nos manuais clássicos de psiquiatria designados como psicose alcoólica. A grande maioria desses sujeitos parece ser egressa de instituições de confinamento e encontra no trecho a possibilidade de viver seu delírio livremente, sem a interferência do saber psiquiátrico ou das conotações pejorativas do senso comum (Justo, 1998, 2000; Justo & Nascimento, 2005). Nesse sentido, o delírio errante, em alguns casos, pode até ser bastante funcional quando o indivíduo se encontra num ambiente aviltante e desumano marcado pela atenção negativa ou pela privação de atenção, como salientam Snow & Anderson (1998):

> Afinal de contas, se raramente você é o destinatário de qualquer atenção positiva ou é completamente ignorado, criar e se isolar numa realidade privada que lhe dá percepções privilegiadas e *status* especial pode ser mais adaptativo do que parece à primeira vista. (p.340)

Evidentemente, estes sujeitos acometidos por idéias delirantes se distanciam de seus pares e se refugiam na solidão da estrada para viver seus pensamentos isolados numa realidade alternativa, sem o questionamento e o controle de suas crenças pelos outros. Nesse sentido, o trecho pode também ser compreendido como um lugar habitável e com possibilidade para a manifestação do delírio em códigos cuja decifraçao é impossibilitada, às vezes, pelas condições instáveis da movimentação e do próprio desenraizamento psicossocial do sujeito (Justo & Nascimento, 2005).

> Cabe assinalar que muitos tiveram passagens por hospitais psiquiátricos, são ex-internos dessas instituições lançados à sorte e à errância sem destino pelos efeitos paradoxais da política de desospitalização implementada recentemente no país, que, ao invés de favorecer a reintegração social do paciente, acabou, em muitos casos, colocando-o no mais completo desamparo e [na] marginalização. (Justo, 1998, p.130)

Sem pretender entrar no mérito das políticas de desinstitucionalização do doente mental, é necessário assinalar pelo menos que esse processo acabou por colocar nas ruas e nas rodovias um contingente enorme de pessoas rotuladas como "loucas", abandonadas pelas famílias, sem referências sociais e identitárias, no mais absoluto desamparo (Justo, 1998). Conforme o autor, uma das razões para este abandono familiar pode estar relacionada à precariedade socioeconômica que impossibilita famílias de baixa renda de arcar com o cuidado e a atenção de que necessitam esses sujeitos.

Outra definição para se compreender o fenômeno da *errância* pode ser encontrada na tipologia dos *outsiders* proposta por Snow & Anderson (1998), pois esse termo se refere àqueles que se encontram à beira da marginalidade social e está relacionado

> ... à condição de estar permanentemente e por imputação colocado fora das disposições estruturais de um dado sistema social, ou de estar situacional ou temporariamente excluído, ou de voluntariamente se excluir do comportamento de membros que têm *status* e função dentro daquele sistema ... são pessoas para quem o passado e o futuro se aniquilam no presente ... (p.101-2)

# 50 EURÍPEDES COSTA DO NASCIMENTO

Entretanto, discordamos da definição apresentada por esses autores no que se refere ao desejo de o sujeito "... voluntariamente se excluir do comportamento de membros que têm *status* e função dentro daquele sistema...", pois nos parece evidente que na cultura do narcisismo a necessidade de estar incluído e reconhecido na sociedade do espetáculo é o fulcro que impulsiona todos a sonhar com o pertencimento e a prosperidade pessoal de maneira indubitável, salvo o caso específico dos andarilhos de estrada que romperam ou nunca tiveram este ideal de sociabilidade presente em sua vida (Justo, 1998). Desse modo, o problema da "exclusão", tal como o assinalam Snow & Anderson, não pode ser compreendido aqui como um rompimento definitivo do sujeito com as estruturas sociais, pois, segundo Castel (1998),

> ... a exclusão não é uma ausência de relação social, mas um conjunto de relações sociais particulares da sociedade tomada como um todo. Não há ninguém fora da sociedade, mas um conjunto de posições cujas relações com o centro são mais ou menos distendidas ... É do centro que parte a onda de choque que atravessa a estrutura social. (p.568-9)

Portanto, são as imposições minuciosamente articuladas pelo poder central que parecem determinar as condições que os indivíduos devem ocupar no espaço social, pois, nesta perspectiva, para que haja o indivíduo bem-sucedido economicamente, é necessário que se tenha, também, o malsucedido em todos os sentidos. Assim, não se trata de uma "exclusão" no estrito sentido do termo, mas de uma relação de forças opostas que garante a manutenção, a distribuição e a homogeneização dos sujeitos na hierarquia social, determinando, assim, o funcionamento, a garantia e a efetividade dos mecanismos de controle sociais,[4] psicológicos, culturais etc.

---

4 O tema da exclusão como prática social normativa pode ser aprofundado nas análises desenvolvidas por Michel Foucault (1984) sobre as tecnologias disciplinares (Dreyfus & Rabinow, 1995).

## Errância e desqualificação social

As diversas condições que favorecem a complexidade da errância na sociedade contemporânea podem ser indicadas, entre outras formas, pelos impactos macroeconômicos da globalização, pela substituição do trabalho humano por sofisticadas maquinarias tecnológicas, pelo desemprego, pela desavença conjugal, pela vida familiar instável e pelo uso abusivo de álcool (Castel, 1994; 1998; Snow & Anderson, 1998; Paugam, 1999; Nascimento & Justo, 2000; Peres, 2001). Os trecheiros, sujeitos sem condições mínimas de se adaptar às novas exigências do mercado de trabalho, encontram na errância uma alternativa que lhes permite resistir aos impactos da globalização e se lançam pelas rodovias em busca do sonhado emprego formal (entendido aqui como uma atividade pautada na mão-de-obra braçal), em razão de sua desqualificação profissional e social.

Dupas (1999) considera que a produção global, ao transformar as relações do trabalho e da economia, não invade apenas o universo macrossocial, mas também a esfera microssocial do indivíduo, ao modificar valores e padrões há muito sedimentados. Esta seria uma das principais raízes do sentimento de insegurança que começa a se generalizar em muitos sujeitos devido à preocupação com o desemprego e a possibilidade da desfiliação social, fortemente ligadas às mudanças acarretadas no mercado de trabalho.

Giddens (1991) assinala, ainda, que o surgimento da globalização também rompe com a idéia sedimentada de tempo-espaço determinado e uniforme para introduzir a noção de tempo-espaço volátil, interconectando localidades distantes sem referência a um local privilegiado que forma um ponto favorável e específico. Partindo dessas considerações, o autor assinala que a idéia de tempo contínuo e retilíneo que possibilitava ao indivíduo ter segurança e garantias no trabalho parece perder força gradualmente com a globalização, diminuindo, assim, a esperança no porvir próximo, pois, "... num mundo pós-moderno, o tempo e o espaço já não seriam ordenados em sua inter-relação pela historicidade..." (ibidem, p.177).

## 52  EURÍPEDES COSTA DO NASCIMENTO

Desse modo, as conseqüências da globalização para a modernidade e também para a errância se constituem na desestabilização das certezas que formam um universo de eventos no qual o risco e o acaso assumem um novo caráter. Nesse sentido, a globalização rompe com a idéia de estabilidade no emprego e relativiza as garantias de realizações futuras intermediadas pelo sentido histórico graças ao qual o sujeito podia criar perspectivas quanto a trabalho, família e prosperidade. Portanto, a globalização transforma não apenas a sociedade salarial num contingente de supranumerários, mas introduz uma nova dinâmica nas relações de trabalho na qual a idéia de emprego fixo e permanente que caracterizou a década de 1970 parece estar com os dias contados, pois o contrato de trabalho por tempo indeterminado está em vias de perder a hegemonia, conforme assinala Castel (1998).

Esses acontecimentos tornam-se cruciais para determinados sujeitos, especialmente para os errantes, que, após várias tentativas fracassadas de se (re)integrar na sociedade, se vêem obrigados a viver numa situação de isolamento e esquecimento permeados pela desqualificação social. Assim, os errantes são indivíduos que podem estar à beira de um "abismo" prestes a desmoronar devido às condições cruciais impostas pela economia de mercado, pois para esses sujeitos o mundo do trabalho parece se apresentar de maneira altamente hostil em função de sua desqualificação social.

> Disso decorre, sobretudo, que os jovens realmente não-qualificados correm o risco de não ter nenhuma alternativa para o desemprego, visto que os postos que poderiam ocupar estão tomados por outros mais qualificados que eles. De modo mais profundo, essa lógica ameaça invalidar as políticas que enfatizam a qualificação como o caminho mais glorioso para evitar o desemprego ou para sair dele. (Castel, 1998, p.520)

Segundo a análise de Dejours (1999), o problema da desqualificação social pode estar relacionado, em parte, à exigência cada vez mais rigorosa das empresas, interessadas em profissionais altamente flexíveis e competentes para realizar vários tipos de atividades, sem que precisem arcar com o ônus financeiro que requer um treinamento específico. O resultado dessa "política empresarial" que desconhece os menos capacitados em exercer tais atividades (o mercado possui profissionais de sobra para o perfil desejado) parece ser o aumento de trabalhadores desempregados, que, na impossibilidade de encontrar uma ocupação no mercado informal, povoam cada vez mais a zona de desfiliação social (Castel, 1994, 1998). Dejours (1999) complementa esse raciocínio ao apontar que

> ... se utilizam, *larga manu*, métodos cruéis contra nossos concidadãos, a fim de excluir os que não estão aptos (os velhos que perderam a agilidade, os jovens mal preparados, os vacilantes...): estes são demitidos da empresa, ao passo que dos outros, dos que estão aptos ... exigem-se desempenhos sempre superiores em termos de produtividade, de disponibilidade, de disciplina e de abnegação. Somente sobreviveremos, dizem-nos, se nos superarmos e nos tornarmos ainda mais eficazes que nossos concorrentes. (p.13)

Este autor acrescenta que o desemprego prolongado, associado à desfiliação e à desqualificação profissional – além de à ausência de mobilização política por parte do Estado e também dos concidadãos –, favoreceu na cultura contemporânea o desenvolvimento da *tolerância à injustiça* mediante uma postura de adversidade e resignação infligida a esses indivíduos. Trata-se ainda, segundo o autor, de um posicionamento ético entre sofrimento e injustiça caracterizado pela atenuação das reações de indignação e indiferença ao sofrimento alheio, culminando, por fim, numa naturalização ou *banalização da injustiça social* (ibidem).

Nossa hipótese consiste em que, desde 1980, não foi somente a taxa de desemprego que mudou, e sim *toda a sociedade que se transformou qualitativamente*, a ponto de não mais ter as mesmas reações que antes. Para sermos mais precisos, vemos nisso essencialmente uma evolução das reações sociais ao sofrimento, à adversidade e à injustiça. Evolução que se caracteriza pela atenuação das reações de indignação, de cólera e de mobilização coletiva para a ação em prol da solidariedade e da justiça, ao mesmo tempo em que se desenvolveriam reações de reserva, de hesitação e de perplexidade, inclusive de franca indiferença, bem como

# 54 EURÍPEDES COSTA DO NASCIMENTO

de tolerância coletiva à inação e de resignação à injustiça e ao sofrimento alheio. (Dejours, 1999, p.23, destaque do original)

Portanto, a sociedade contemporânea pode ser caracterizada, do ponto de vista do trabalho e da injustiça, como uma sociedade pautada pela banalização, cuja conseqüência é o aumento da *desqualificação social* (Paugam, 1999) para os trabalhadores desempregados e menos capacitados profissionalmente. Segundo Paugam (ibidem), o processo de desqualificação social acentua que o elevado nível de desenvolvimento econômico, associado a uma forte degradação no mercado de trabalho, contribui sobejamente para o enfraquecimento e a ruptura dos vínculos sociais de alguns indivíduos. Conforme o autor, "... o conceito de *desqualificação social* caracteriza o movimento de expulsão gradativa, para fora do mercado de trabalho, de camadas cada vez mais numerosas da população..." (p.68, destaque do original).

Ainda segundo Paugam (1999), o enfraquecimento dos vínculos sociais é proporcional às dificuldades encontradas no mercado de trabalho, e esse fenômeno explica em parte a falta de coesão social nas camadas menos favorecidas economicamente. Conforme esse autor, os reflexos dessa situação podem ser apreendidos pelos sujeitos como um fracasso profissional e interpretados por eles como sinais de inferioridade quando são obrigados a pedir socorro aos serviços de assistência social. Os sujeitos assim constituídos perderam emprego, moradia e acumularam inúmeros problemas sociais – principalmente a ausência de relações estáveis com a família – que podem acelerar o processo de enfraquecimento e ruptura social, além de contribuir para a ascensão da errância como possibilidade de camuflar o sentimento de inferioridade que tal situação de ruptura evidencia.

> Os que passam pelo processo de *ruptura* acumulam problemas de todo tipo – afastamento do mercado de trabalho, problemas de saúde, falta de moradia, perda de contatos com a família etc. Esta última fase do processo de desqualificação social caracteriza-se por um acúmulo de fracassos que conduz a um alto grau de marginalização. (Paugam, 1999, p.76, destaque do original)

NOMADISMOS CONTEMPORÂNEOS **55**

Tal processo de enfraquecimento e *ruptura social* apresentado por Paugam (1999) parece também estar presente nos indivíduos que se encontram na condição de *trecheiros*, por comportar uma diversidade de situações pessoais, já que boa parte dos sujeitos que vivem nessa condição se desloca a pé pelas estradas em busca de trabalho e, eventualmente, mendiga pelo caminho como último recurso de subsistência. Sem condições de pertencer ao ideal de sociabilidade preconizado pela cultura do espetáculo (a maioria possui pouca qualificação profissional), o trecheiro e o andarilho de estrada parecem sintetizar em si mesmos as conseqüências do processo de desqualificação e desfiliação social numa sociedade que banaliza e responsabiliza o sujeito por suas ações, embora este processo não seja a única análise possível para a determinação da causalidade da errância. Portanto, sejam quais forem as condições que possibilitam sua compreensão, devemos considerar que se trata de um fenômeno complexo, multifacetado e inter-relacionado com outros aspectos, tais como o social, o histórico, o econômico, o cultural, o psicológico etc.

Evidentemente, o desemprego, a desqualificação e a falta de oportunidades no mercado de trabalho são apenas os aspectos mais visíveis das desigualdades sociais que assolam as populações marginais, porém não determinam ou condicionam *stricto sensu* a perambulação errática do sujeito como último recurso de existência, pois nem todos que perdem o emprego estável se tornam potencialmente errantes. Outros fatores, conforme já apontamos, parecem interagir nessa complexa dinâmica rumo à errância, como as migrações constantes da família ao longo da vida, a morte dos pais, a falta de apoio dos demais familiares em época de crise, os desentendimentos conjugais etc. (Snow & Anderson, 1998; Paugam, 1999; Nascimento & Justo, 2000; Peres, 2001).

Nesse contexto extremamente precário, parece não haver, portanto, espaço para pensar as questões cruciais da desfiliação e da marginalidade social que são colocadas em segundo plano e banalizadas pela cultura das aparências que particulariza e subjetiva as ações do indivíduo sem considerar a participação do outro no processo de construção social. Deste modo, a errância pode ser apenas a constatação ou a confirmação de uma sociedade corroída em si mesma pela própria necessidade que o indivíduo tem de singularizar-se e distinguir-se dos outros através do espetáculo de si. Desfiliado e ignorado também pelas políticas sociais do governo, resta ao trecheiro a perambulação constante e ilimitada pelos acostamentos das rodovias, numa realidade minada pela individualidade negativa, na qual o álcool, na maioria das vezes, é utilizado como uma alternativa viável para a manutenção dos próprios conflitos pessoais.

## Errância e uso de álcool

O uso de álcool não é exclusividade das camadas menos favorecidas economicamente, e sua manifestação entre os trecheiros e andarilhos de estrada representa apenas uma visualização mais nítida das condições atuais do mal-estar dos sujeitos diante da realidade do mundo. Alguns autores consideram o uso de álcool no contexto contemporâneo uma conseqüência das frustrações de uma sociedade altamente sofisticada que exige de seus indivíduos uma performance extremamente competitiva em busca de *status* e reconhecimento pessoal (Lasch, 1983; Debord, 1991; Ehrenberg, 1991, 1995; Castel, 1998; Kalina & Kovadloff, 1999; Paugam, 1999; Vaillant, 1999; Birman, 2000). Assim, o fato de vivermos numa sociedade caracteristicamente marcada pelo desejo da autocelebração e da autosatisfação imediatas pode levar muitos indivíduos à insatisfação, à angústia, à frustração por não conseguir a notabilidade e, conseqüentemente, ao uso de substâncias (álcool e drogas) capazes de apaziguar esse sentimento de mal-estar na cultura suscitado pela sociedade do espetáculo.

A problemática da insatisfação do sujeito na cultura do espetáculo pode ser possivelmente interpretada pelos discursos de normalização psiquiátrica, que, pela manipulação da bioquímica e da psicofarmacologia, encerram o sujeito dentro dos padrões socialmente aceitáveis, possibilitando-lhe a obtenção do prazer e a sensação de "pertencer" ao ideal de sociabilidade sustentado pela cultura do narcisismo, pois o que está em jogo neste modo de existência contemporânea é "... um *imperativo* moral do que devemos ser, uma *norma* de sanidade a que nos devemos submeter e adequar" (Birman, 2000, p.245, destaque do original). Assim, para cada sensação de desprazer existe, segundo Birman, a magia da bioquímica e do psicofármaco que, associado à psiquiatria, promete o alívio imediato para todo e qualquer sintoma provocado pelo mal-estar na atualidade, permitindo ao sujeito a participação ilusória nesta sociedade em que a imagem é tudo e a existência é nada.

Considerando, então, os fundamentos morais da cultura do narcisismo e da sociedade do espetáculo, as toxicomanias são os efeitos mais evidentes de seus imperativos éticos, daquilo que devemos ser ... é pelo consumo massivo de drogas que o sujeito tenta regular os humores e efeitos maiores do mal-estar na atualidade. O sujeito busca, pela magia das drogas, se inscrever na rede de relações da sociedade do espetáculo e de seus imperativos éticos. (ibidem, p.249)

Na errância, tais considerações têm um efeito semelhante, porém inverso, pois o trecheiro utiliza o álcool para enfrentar os desafios cotidianos do trecho e os conflitos pessoais sem, no entanto, almejar sua inscrição na cultura do eu, em virtude do desenraizamento e do individualismo negativo em que se encontra. Embora o uso de álcool seja um fato bastante comum na vida de muitos trecheiros, não podemos determinar precisamente se o consumo surgiu antes da ruptura com o sedentarismo ou após sua inserção no modo de vida errante, apesar de algumas pesquisas indicarem que a bebida alcoólica está presente na vida desses sujeitos desde a infância (Brognoli, 1997; Snow & Anderson, 1998; Paugam, 1999; Nascimento & Justo, 2000; Peres, 2001). Contudo, podemos considerar que o álcool torna-se um dos traços definidores desse modo de vida, pois está presente em quase todas as situações, seja no percurso solitário, seja na companhia de outros quando cruzam sua trajetória, seja, ainda, nas eventuais reuniões em praças públicas.

No trecho, a socialização em torno da bebida parece ocorrer esporadicamente e funciona, nesse caso, como estratégia para o sujeito obter algum tipo de informação referente a trabalho em outras localidades que oferecem uma empregabilidade eventual e sazonal. Via de regra, porém, é mais comum a utilização da bebida individualmente, pois os pequenos agrupamentos em torno dela parecem provocar algumas desavenças entre eles, tais como agressões físicas, mortes por disputa de mulheres do trecho,[5] estando aí uma das possíveis explicações para as restrições dos relacionamentos interpessoais e a preferência por andar sempre sozinho (Nascimento & Justo, 2000).

O consumo de álcool pelos trecheiros e andarilhos está também associado à necessidade de esquecer problemas do passado, como frustrações afetivas, fracassos profissionais, instabilidade no núcleo familiar originário ou ainda as próprias condições adversas do presente, como falta de recursos para a alimentação e coragem para pedir comida (Nascimento & Justo, 2000; Peres, 2001). Nessas circunstâncias, o álcool funciona, ainda, como possibilidade de esquivar-se às angústias e adversidades do presente, por trazer um certo alívio provisório e momentâneo para esses sujeitos, tornando-se, definitivamente, uma alternativa que encontram para lidar com uma realidade totalmente precária, podendo servir, também, "... como isolamento contra outras agressões psíquicas e com isso criar ilusões de autonomia pessoal e bem-estar" (Snow & Anderson, 1998, p.335).

Essas ilusões podem ser compreendidas se articulamos a *errância* com o conceito de *indivíduo incerto*, aquele que utiliza as "técnicas de construção de si" para a manutenção da própria sobrevivência (Ehrenberg, 1995). Segundo este autor, o indivíduo incerto é o sujeito que experiencia a instabilidade socioafetiva intermediada pelas pressões sociais em nome da competitividade e da excelência individual, e que se sente impotente e repleto de incertezas diante de tais solicitações.

---

5 Vale ressaltar que é raríssimo encontrar mulher caminhando no trecho. A revisão da literatura registra apenas um caso (cf. Justo, 1998).

NOMADISMOS CONTEMPORÂNEOS **59**

No caso específico dos trecheiros, a falta de trabalho e os desentendimentos familiares, seguidos de pressões e frustrações pessoais, determinam as incertezas e impotências diante da realidade e, conseqüentemente, o abandono do sedentarismo. Nessas circunstâncias, a bebida alcoólica pode ser utilizada pelo trecheiro como uma das "técnicas de si" e possibilitar ainda uma alternativa viável e mais econômica para o rompimento temporário com as angústias e ansiedades provocadas por esse modelo de subjetivação proposto pela sociedade do espetáculo (Lasch, 1983; Debord, 1991; Birman, 2000).

Visto desta forma, o uso de álcool seria, conforme Ehrenberg (1995), uma das soluções possíveis que o trecheiro encontraria para "... aumentar o sentimento de existir por si mesmo ... numa subjetividade em guerra com ela mesma, incapaz de dominar as tensões interiores ... e evitar a experiência de individualidade ..." (p.64). Nesse sentido, trata-se de uma *individualidade negativa*, porque o trecheiro está situado numa zona de incertezas e instabilidades na qual o álcool aparece, momentaneamente, como um recurso de evasão de si ou de comunicação com o outro numa tentativa ilusória de inclusão nos laços sociais, pois a maioria desses sujeitos confessa que a bebida ajuda na desinibição e possibilita uma comunicação com o outro quando ele se encontra em dificuldades de subsistência (Castel, 1994, 1998; Nascimento & Justo, 2000). Nessa perspectiva, as "técnicas de construção de si" possibilitam aos trecheiros inventar um "paraíso artificial" que lhes garanta euforia e liberdade para suportar o peso existencial de uma subjetividade em conflito consigo mesma (Ehrenberg, 1995). Portanto, o conceito do *indivíduo incerto* se aplica também aos *trecheiros*, pois, diante de tantas incertezas em face de uma realidade que banaliza as condições de sua existência, o álcool pode ser a única saída que encontram para suportar a própria individualidade negativa.

O uso de álcool pelo trecheiro pode ser compreendido também por uma referência à *cultura da masculinidade* ou, como a define Pierre Bourdieu (1999), à *dominação masculina*. Segundo esse autor, a construção dos valores pautados na masculinidade permite que determinados hábitos culturais, como o ato de beber, por exemplo,

60 EURÍPEDES COSTA DO NASCIMENTO

se naturalizem no imaginário social, que passa a incorporá-los como normas convencionais de sociabilidade. Assim, segundo os valores da "dominação masculina", espera-se que um homem se manifeste como homem não somente pela virilidade física (potência sexual), mas também pela virilidade alcoólica (potência etílica), ou seja, "... as manifestações (legítimas ou ilegítimas) da virilidade se situam na lógica da proeza, da exploração, do que traz honra ..." (Bourdieu, 1999, p.29).

Nesse aspecto, o bar – ambiente tipicamente masculino – é o lugar de excelência para o consumo de bebidas alcoólicas, pois incentiva o indivíduo a provar sua masculinidade a todo instante. Ali, aqueles que não se apresentam como bebedores sistemáticos e potentes (que agüentam beber e honram essa proeza) são descartados e desconsiderados das relações de proximidade, e até mesmo ignorados pelos demais. Portanto, o contexto cultural e o ambiente social em que se insere o indivíduo podem determinar certos padrões de consumo do álcool, bem como a construção de uma identidade tipicamente pautada no comportamento viril.

> Este investimento primordial nos jogos sociais (*illusio*), que torna o homem verdadeiramente homem – senso de honra, virilidade, *manliness*... – é o princípio indiscutido de todos os deveres para consigo mesmo, o motor ou móvel de tudo que ele se deve, isto é, que deve cumprir para estar agindo corretamente consigo mesmo, para permanecer digno, a seus próprios olhos, de uma certa idéia de homem. (ibidem, 1999, p.61)

Assim, a alcoolização nos bares faz parte de um código de referência e polidez em que o abstinente é socialmente constrangido e o bom bebedor é valorizado por suas façanhas de beber sem se embriagar, mantendo, assim, certos desempenhos de papéis a ele atribuídos, como, por exemplo, beber demasiadamente na roda de amigos com alta tolerância para a embriaguez (Neves, 2004). Segundo essa autora, o bar (local em que a bebida é celebrada) parece proporcionar um ambiente favorável para o estreitamento dos laços sociais e criar, ainda, um certo código de honra entre aqueles considerados bons bebedores, cujo comportamento é identificado como de homem, com a conseqüente desvalorização de todos os demais tipos de comportamento que não se aventuram nessa empreitada alcoólica.

No bar, templo consagrado à alcoolização controlada, a bebida estabelece entre os homens um jogo de trocas e vínculos sociais. Por isso, o anonimato e o isolamento são provocativos da desconfiança, da suspeita e da exclusão das redes de relações que se instituem entre fregueses e donos de bar. A desvalorização do homem que recorrentemente aí bebe sozinho evidencia a rejeição ao desvio comportamental: o rompimento com as reciprocidades estabelecidas nos bares. (ibidem, p.9)

Tais comportamentos parecem estar presentes na vida de muitos trecheiros. Nascimento & Justo (2000) constataram que a infância do trecheiro apresenta valores tipicamente pautados pela cultura da masculinidade, pois muitos desses sujeitos experimentaram o álcool pela primeira vez por influência do pai que os levava ao bar com o intuito de induzi-los a hábitos masculinos. A pressão dos amigos é um outro elemento constitutivo na cultura da masculinidade, pois exige que na puberdade o sujeito manifeste sua virilidade pelo uso de álcool, que, nesse caso, pode funcionar ainda como um ritual de passagem da adolescência para a "alcoolescência".

O uso do álcool, assim, pode ser considerado um comportamento típico da cultura da masculinidade em que os valores da tradição machista são veementemente vangloriados. Nesse sentido, parece haver uma estreita vinculação entre a *cultura do narcisismo* e a *cultura da masculinidade*, pois em ambas as "culturas" a exaltação da individualidade é celebrada a todo instante, pois a necessidade de ser reconhecido no plano macrossocial também é expandida para o plano microssocial, principalmente nas relações vivenciadas nos bares, nas quais o sujeito narra suas façanhas amorosas e exalta a figura feminina como alvo de possíveis conquistas do eu (Nascimento, 2004).

Estas considerações sobre uso de álcool, narcisismo e cultura da masculinidade podem ser perfeitamente articuladas com a errância, pois nossas observações e pesquisas anteriores com os trecheiros indicaram que esses sujeitos têm características bem definidas nesse tipo de comportamento viril (Nascimento & Justo, 2000; Peres, 2001). No caso específico dos trecheiros, a virilidade é percebida quando a imagem feminina é resgatada do passado para compor o repertório das reminiscências do presente num *narcisismo negativo*, pois de acordo com os valores da masculinidade é indigno e desonroso para o homem admitir seus fracassos pessoais e afetivos – nessas circunstâncias, o álcool é utilizado para diluir as frustrações vivenciadas neste modo de existência.

# 4
## Errância e trecheiro: dimensões analíticas

A apresentação dos resultados da pesquisa foi dividida em duas partes, para melhor sistematização dos dados e análises das categorias. Na Parte I apresentam-se os dados relativos aos aspectos gerais da vida dos trecheiros antes do processo de desfiliação social, tais como escolaridade, atividades de trabalho exercidas antes da ruptura com o sedentarismo, cidades que residiram ao longo da vida, bem como tempo de caminhada no trecho. A Parte II se refere aos dados qualitativos propriamente ditos, com a utilização da técnica da análise de conteúdo para fundamentação das categorias e subcategorias. Nesse tópico, optou-se por uma discussão conjunta das categorias e subcategorias em vez de por uma análise de cada subcategoria separadamente.

## Parte I: Aspectos gerais

Neste tópico de apresentação das características gerais dos sujeitos da investigação, deve-se enfatizar que o interesse está em descrever a trajetória de vida percorrida pelos trecheiros, com o objetivo de mapear na história de cada um as condições e os acontecimentos que sulcam o caminho que leva do sedentarismo à errância. Deve-se enfatizar também que um traço marcante na história de vida dos trecheiros provém da história da migração familiar de um lugar a outro em busca de melhores condições de trabalho. O Quadro 1 a seguir descreve o local de nascimento dos trecheiros e as cidades em que residiram ao longo da vida sedentária.

Quadro 1: Local de nascimento e cidades em que residiram os trecheiros antes da desfiliação social

| Participantes | Local de nascimento | Cidades de residência |
|---|---|---|
| S1 | Astorga (PR) | Astorga (PR), Rolândia (PR), São Paulo (SP) |
| S2 | São Paulo (SP) | São Paulo (SP), Campo Grande (MS) |
| S3 | Teodoro Sampaio (SP) | Mirante do Paranapanema (SP), Dourados (MS) |
| S4 | Ribas do Rio Pardo (MS) | Campo Grande (MS), Foz do Iguaçu (PR), Presidente Prudente (SP) |
| S5 | Uraí (PR) | Uraí (PR), Presidente Bernardes (SP), Araxá (MG), Ciudad Del Este (Paraguay) |
| S6 | Sorocaba (SP) | Sorocaba (SP), Alta Floresta (MT) |
| S7 | Londrina (PR) | Mandaguaçu (PR), Primeiro de Maio (PR) |
| S8 | Ponta Grossa (PR) | Ponta Grossa (PR), São Paulo (SP), Pato Branco (PR), Curitiba (PR), Coxim (MS) |
| S9 | Goio-Erê (PR) | Goio-Erê (PR), Guaxupé (MG), Garça (SP) |
| S10 | Guaraneaçu (PR) | Guaraneaçu (PR), Cuiabá (MT), Cascavel (PR) |
| S11 | Marialva (PR) | Marialva (PR), Bauru (SP), Presidente Venceslau (SP) |
| S12 | Rancharia (SP) | Rancharia (SP), Bataguassu (MS) |
| S13 | Cachoeira (BA) | São Félix (BA), Manaus (AM), Cáceres (MT) |
| S14 | Jacarezinho (PR) | Jacarezinho (PR), Limeira (SP), Cornélio Procópio (PR) |
| S15 | Santos (SP) | Santos (SP), Bauru (SP) |
| S16 | Pirapozinho (SP) | Pirapozinho (SP), Estrela do Norte (SP) |

NOMADISMOS CONTEMPORÂNEOS **65**

Como se pode verificar no Quadro 1, os entrevistados em sua maioria são naturais do norte do estado do Paraná e do Oeste paulista. Verificou-se, ainda, ao se constatar as várias cidades em que moraram antes de se tornar trecheiros, que as próprias famílias desses sujeitos já apresentavam um retrospecto de mudança de domicílio. A busca por melhores condições de vida e os fracassos colhidos nas cidades anteriores pela falta de trabalho podem ser alguns dos principais indicativos para a migração para outras cidades e estados.

Nesse sentido, a migração parece representar uma alternativa possível que eles encontram para ainda tentar se reintegrar ao sistema produtivo e sustentar o sedentarismo esvaecido pelas fracassadas tentativas de fixação social. A circulação por várias cidades pode ser compreendida, em parte, pela sazonalidade das colheitas de grãos que ainda empregam mão-de-obra volante em suas lavouras, pois, conforme assinalam Snow & Anderson (1998), a migração representa para estas famílias "... seu meio de subsistência ... e suas viagens são em grande parte determinadas por variações sazonais e regionais no mercado de trabalho" (p.104).

Conforme se verá mais adiante, no Quadro 2, a maioria dos entrevistados exerceu profissões braçais ou de pequena qualificação para as atuais exigências do mercado de trabalho. Situados numa condição de extrema precariedade financeira, esses indivíduos parecem escolher a errância como a última tentativa de superação de seus infortúnios. À medida que estes acontecimentos vão se tornando cada vez mais repetidos e agudos em sua trajetória de vida, a sensação de impotência diante do mundo e de si mesmos parece culminar por fim na ruptura com as tentativas de sedentarismo estável e na impulsão decisiva para a vida errante (Castel, 1994, 1998; Justo, 1998; Nascimento & Justo, 2000). Para exemplificar as condições de vida enfrentadas pelas famílias para prover a própria subsistência, apresentam-se, a seguir, alguns trechos das entrevistas que ilustram algumas ocorrências da migração em busca de melhores oportunidades de vida.

> Eu nasci lá [Astorga/PR] e com 5 anos meu pai morava no sítio e veio pra cidade, né? Nesse tempo, trabalhava na enxada, carpia, fazia serviço de roça, aí eu acabei de me formar... a minha infância eu passei lá em

## 66  EURÍPEDES COSTA DO NASCIMENTO

Rolândia [PR] e de lá meus pais em 1972 foi pra São Paulo pra vê se miorava de vida, né? ... mas ninguém até hoje miorou a situação, perdi minha mãe e meu pai virou vendedor de bilhete da loteria até morrer em 1984... (S1)

A história toda começou depois que a gente morava em Londrina (PR), e veio pra Mandaguaçu (PR), devia ter de 8 pra 9 anos, meu pai já foi comerciante em Primeiro de Maio (PR), perto de Sertanópolis (PR)... antes nóis morava num sítio, meu pai plantava milho e soja com um sócio dele... perdeu tudo e quando ele faleceu trabalhava de vigia noturno. (S7)

Os trechos apresentados acima indicam que a migração pode estar relacionada, segundo Castel (1998), a uma "representação de progresso" na qual o sonho de ser bem-sucedido na vida só é possível nas cidades de médio a grande porte, pois tais cidades parecem representar, também, "... a crença de que o amanhã será melhor que o hoje e de que se pode confiar no futuro para melhorar sua condição..." (p.498). Sejam quais forem os motivos para a migração, a busca de melhores condições de trabalho parece ter condicionado, por muito tempo, a esperança interminável para as famílias desses sujeitos, pois boa parte delas acreditava no sonho de prosperidade que os grandes centros urbanos despertavam desde a década de 1960, embora tal esperança pareça se destroçar na atualidade em função das transformações socioeconômicas da globalização. O Quadro 2 apresenta o perfil dos trecheiros deste estudo baseado em idade, nível de escolaridade, atividades de trabalho antes da desfiliação e tempo vivido no trecho desde a ruptura com o sedentarismo.

Como se pode constatar no Quadro 2, a idade dos sujeitos deste estudo varia de 28 a 53 anos, e o tempo vivido no trecho de 6 meses a 23 anos. Outro dado que se pode constatar é o baixo nível de escolaridade[1] – a maioria apresenta o primeiro grau incompleto, e esse

---

1 Embora se utilizem hoje novas nomenclaturas para determinar o nível de escolaridade (Ensino Médio, Fundamental e Básico), optamos por manter a nomenclatura anterior por uma questão de bom senso, pois esses sujeitos se inserem no outro sistema de ensino e aprendizagem da educação brasileira, antes da implantação da nova Lei de Diretrizes e Bases.

Quadro 2: Apresentação dos trecheiros segundo nível de escolaridade, atividades de trabalho antes da desfiliação e tempo no trecho

| Participantes | Idade | Escolaridade | Atividades de trabalho | Tempo no trecho |
|---|---|---|---|---|
| S1 | 48 anos | Primeiro Grau incompleto | cortador de cana, servente de pedreiro | 20 anos |
| S2 | 43 anos | Primeiro Grau incompleto | apanhador de café, carroceiro, chapa | 21 anos |
| S3 | 53 anos | Primeiro Grau completo | "topografia" | 23 anos |
| S4 | 31 anos | Analfabeto | pintor, pedreiro | 6 meses |
| S5 | 38 anos | Primeiro Grau incompleto | tratorista, operador de máquinas | 9 anos |
| S6 | 37 anos | Primeiro Grau incompleto | frentista, cortador de madeira | 4 anos |
| S7 | 41 anos | Primeiro Grau incompleto | pintor de automóveis | 11 anos |
| S8 | 39 anos | Primeiro Grau incompleto | copeiro, encanador | 10 anos |
| S9 | 41 anos | Primeiro Grau incompleto | apanhador de café, cortador de cana, retireiro | 6 anos |
| S10 | 38 anos | Primeiro Grau incompleto | pedreiro, armador de ferragem | 4 anos |
| S11 | 41 anos | Analfabeto | cortador de cana, apanhador de algodão | 17 anos |
| S12 | 28 anos | Primeiro Grau incompleto | apanhador de café, servente de pedreiro | 5 anos |
| S13 | 38 anos | Analfabeto | retireiro, domador de cavalos | 23 anos |
| S14 | 40 anos | Primeiro Grau incompleto | servente de pedreiro, apanhador de café | 6 anos |
| S15 | 30 anos | Primeiro Grau incompleto | serralheiro | 9 anos |
| S16 | 50 anos | Primeiro Grau incompleto | vigilante bancário, músico | 14 anos |

dado pode estar associado com as atividades rudimentares de trabalho exercidas pelos sujeitos desde a infância, como o trabalho pesado no setor de construção civil (servente, pedreiro) ou braçal nas atividades do campo (apanhador de café, cortador de cana etc.). Para aqueles que dependem ou sobrevivem do meio rural, a situação parece agravar-se cada vez mais, pois as atividades que empregam mão-de-obra no campo vêm perdendo espaço para as tecnologias agrícolas, que gradativamente vêm substituindo o trabalho volante e braçal pelos sofisticados maquinários, o que condiciona os menos capacitados a contar com a própria sorte ou arcar com sua miserabilidade e sua expulsão do mercado de trabalho sem apoio do governo ou mesmo do empregador.

Vale mencionar as lucrativas feiras do agronegócio, como a Agrishow (Feira Internacional de Tecnologia Agrícola), que movimentou cerca de R$ 1,2 bilhão em Ribeirão Preto (SP) com vendas de equipamentos para a pecuária e máquinas altamente sofisticadas para a agricultura (Toledo, 2004). Se por um lado o avanço da tecnologia tem possibilitado um aumento significativo da produção e da exportação de grãos, expandindo as divisas e aumentando a arrecadação para o país, por outro tem proporcionado o aumento do desemprego para os trabalhadores que têm no campo seu principal *locus labor* para a sobrevivência.

Quais são então as conseqüências do uso de alta tecnologia para os trabalhadores que vivem exclusivamente do meio rural para manter sua subsistência? Uma das conseqüências diretas dessas sofisticações para o trabalhador volante que não tem conhecimentos suficientes de informática para operar máquinas avançadas, em virtude de sua baixa escolaridade, parece ser o deslocamento iminente para uma zona de desfiliação, conforme Castel (1994, 1998). Seja nas atividades ligadas ao campo, seja ainda em outras atividades, a questão central é que a idéia de trabalho fixo e remunerado parece perder quase toda sua utilidade nas atuais conjunturas da globalização, e pode condicionar os sujeitos, nessas condições, a um *individualismo negativo* porque se manifesta em termos de falta: falta de consideração, de segurança, de bens garantidos e de vínculos estáveis (Castel, 1998).

NOMADISMOS CONTEMPORÂNEOS **69**

Nesse aspecto, a ausência de mão-de-obra qualificada para o exigente mercado global pode levar grandes contingentes de trabalhadores a ter uma relação instável com o trabalho e acentuar, também, a fragilidade da estrutura familiar, favorecendo, assim, a instalação da precariedade e, conseqüentemente, a *desqualificação social* (Castel, 1994, 1998; Paugam, 1999).

> Ele é, pois, impelido a procurar um trabalho, ou seja, é incitado à mobilidade profissional e, freqüentemente, à mobilidade geográfica, uma vez que é geralmente a impossibilidade de se empregar em seu ambiente rural que o expulsa do campo ou, então, são a raridade e a precariedade de empregos urbanos que fazem dele, na cidade, um ocioso. (Castel, 1994, p.25)

Esse processo de *desqualificação social* pode ser compreendido aqui como o avesso da performance narcisista que parece determinar o *locus* da coesão social, ou seja, na medida em que o indivíduo possui condições pessoais e subjetivas para demarcar sua visibilidade no espaço social, ele garante sua inserção na "zona de integração" e se afilia às diversas redes e aos variados *status* sociais (Castel, 1994, 1998; Paugam, 1999; Ehrenberg, 1991; Debord, 1991; Lasch, 1983). Portanto, as atividades de trabalho parecem determinar ou diferenciar, no mundo globalizado, as relações dos indivíduos no espaço social de acordo com seu grau de pertencimento, seja na zona de integração, na de vulnerabilidade ou na de desfiliação (Castel, 1994).

Desse modo, a *errância* e a *migração* parecem representar, economicamente, a instabilidade da condição salarial e a ruptura da relação de trabalho, enquanto a *precariedade relacional* se transforma em *desfiliação social*. A errância e a migração realizam assim a desfiliação em dupla dimensão: ruptura em relação à ordem da produção e isolamento em relação à ordem sociofamiliar (ibidem).

Vale ressaltar também que o universo familiar desses sujeitos encontra-se, segundo Castel (ibidem), pouco estruturado onde as transmissões dos valores se tornam contraditórias devido às migrações freqüentes, determinando, assim, aspectos negativos para a identidade, como, por exemplo, os maus desempenhos escolares, a desqualificação profissional e o sentimento de não-pertencimento ao próprio lugar de habitação. Nessa perspectiva, "… a fragilização da estrutura familiar … circunscreve uma zona de vulnerabilidade relacional, sobretudo para as famílias mais desprovidas … Ela representa uma correnteza que, ao misturar-se com outras águas, alimenta o viveiro da desfiliação" (ibidem, p.42).

Entretanto, os avanços tecnológicos parecem não ser os únicos responsáveis pelos infortúnios desses sujeitos, pois se verificou que outros sujeitos também se encontram na mesma condição e não têm suas atividades de trabalho vinculadas ao campo, como as de pintor, serralheiro, frentista, topógrafo etc. Contudo, as condições que parecem facilitar a errância conjugam uma complexidade de fatores sociais, econômicos, afetivos e psicológicos, analisados a seguir em seus aspectos qualitativos. Seja como for, o desemprego parece representar para esses sujeitos um dos principais desafios a ser enfrentado, pois a perambulação pelas rodovias está associada ao desejo de vencer as adversidades impostas pelas novas exigências do capitalismo contemporâneo numa cultura altamente narcisista.

## Parte II: Aspectos qualitativos

Esta parte do trabalho, como o título indica, se preocupa com os aspectos qualitativos apreendidos na pesquisa de campo realizada com os trecheiros. Descrever na íntegra e detalhadamente cada entrevista possibilita uma aproximação com a realidade dos entrevistados e permite, também, uma compreensão de seu modo de vida itinerante. Neste tópico tenta-se, portanto, identificar da maneira mais clara possível a organização e a estruturação das condições da errância no cenário social contemporâneo, tomando o devido cuidado de não generalizar a interpretação do fenômeno estudado, pois "… a realidade social é multifacetada demais para ser compreendida adequadamente por um único método" (Snow & Anderson, 1998, p.52).

Para compor os procedimentos de análise, foi utilizada a técnica da análise de conteúdo segundo Bardin (1979), já descrita nas primeiras páginas deste livro. Deve-se enfatizar que para ilustrar as categorias e subcategorias de análise serão apresentadas apenas duas falas ou narrativas mais significativas dos trecheiros a fim de que o texto não se torne exaustivo e repetitivo demais para o leitor.

Deve-se também salientar que se optou por apresentar cada categoria seguida de suas subcategorias, em vez de discuti-las e analisá-las separadamente. Com isso em mente, crê-se que a análise conjunta das categorias e subcategorias possibilita uma discussão mais aglutinada e permite uma compreensão mais articulada do fenômeno que se pretende estudar. Para que se possa visualizar as etapas qualitativas a ser analisadas neste tópico é apresentado a seguir o Quadro 3, que descreve as categorias e subcategorias da sistematização dos dados.

Quadro 3: Apresentação das categorias e subcategorias de análise

| Categorias | Subcategorias |
| --- | --- |
| Rupturas sedentárias | desemprego<br>decepção amorosa<br>violência familiar<br>busca de liberdade |
| Percepções de vida | vida sedentária<br>vida errante |
| Experiências marcantes | vítimas de roubo<br>solidariedade |
| Modos de sobrevivência | trabalho temporário<br>mendicância |
| Relações familiares | ausência de vínculos<br>laços frágeis |
| Uso do álcool no trecho | esquecer problemas<br>criar coragem |
| Início do uso de álcool | infância<br>adolescência<br>vida adulta |
| O álcool no cotidiano | socialização<br>individualização<br>aquisição |
| Perspectivas de vida | sedentarismo<br>abandono do álcool<br>contatos filiais |

## Rupturas sedentárias

As razões apresentadas pelos trecheiros para a ruptura com a vida sedentária estão relacionadas a três acontecimentos nucleares importantes vivenciados ao longo de suas vidas: o desemprego, a violência familiar e a decepção amorosa. Os trecheiros relatam que esses eventos, ora interligados, ora conjugados separadamente, foram os principais motivos que culminaram no abandono do sedentarismo e na impulsão para a vida errante. Entretanto, alguns ainda apontam o desejo de liberdade como condição para o abandono e a ruptura sedentária. Para que se possa compreender tais acontecimentos vivenciados pelos trecheiros, essa categoria foi dividida em quatro subcategorias:

*Desemprego*: a falta de um emprego estável aparece em quase todos os relatos como o principal fator desencadeante para a errância. Associada à ausência de um lugar fixo para residir e às dificuldades para encontrar um novo trabalho, em função da desqualificação da mão-de-obra, a busca incessante por um emprego no trecho parece constituir-se no principal objetivo a ser alcançado no dia-a-dia. Exemplos:

> Foi a falta de serviço que me levou a andar porque eu sempre fui atrás de serviço... Onde eu morava com meus pais tava ruim de serviço, não tinha nada, então eu saí pro trecho pra ver se as coisas melhoravam pra mim, mas até agora não consegui muita coisa não... é um biquinho [trabalho temporário] ali, outro aqui, mas nada que dá pra juntar dinheiro e ser feliz. (S2)

> Pra te falar a verdade, foi o financeiro... a gente quase morre de andar e não consegue grande coisa... o motivo mais é esse, arranjar um trabalho numa fazenda, ter suas coisinhas, ter sossego na vida, porque esse negócio de andar por aí em busca de trabalho não tá com nada não, então a gente anda pra ver se arruma serviço pra ser o que era antes. (S6)

*Decepção amorosa*: a infidelidade da esposa ou de parceira fixa aparece nos relatos dos trecheiros como um outro motivo desencadeador que impulsiona o sujeito a romper com os laços sedentários.

## NOMADISMOS CONTEMPORÂNEOS **73**

Apesar de não se ter conseguido explorar as relações afetivas da maneira mais concisa possível em razão da esquiva dos trecheiros, que se recusavam a falar demasiadamente sobre o assunto, a traição da mulher parece representar aqui um ato humilhante para o sujeito que ficou sabendo de tal acontecimento por intermédio de outra pessoa. Outro fato que chamou a atenção foi a visão "conformista" que a maioria apresentou sobre esta questão.

> Foi a decepção… a mulher me chifrou… fiquei sabendo pela boca do dono da padaria, que me falou que ela tava de rolo com um dono de boteco… então me senti humilhado, não discuti, nem nada, daí eu fui embora e tô nessa vida de trecho procurando alguma coisa, apesar que agora não sou aquele homem sadio, mas não tem problema, vou seguindo em frente pra sair dessa vida. (S3)

> A decepção foi a minha ex-mulher que me abandonou com meus filho pra morar com outro cara, então é a única decepção que eu mais tenho… uns amigo meu me falaram que ela tava se encontrando com um motorista de ônibus quando eu tava procurando um serviço pra fazer… fiquei envergonhado porque saber disso pelos amigos seu não é fácil não… pra não reagi, eu resolvi sair pro trecho. (S5)

*Violência familiar*: a vivência em família marcada por maus-tratos e a violência nas relações familiares aparecem nos relatos como um outro motivo que impulsiona o sujeito à condição de errante. Desentendimentos com o pai e os irmãos desde a infância são narrados pelos trecheiros como outros fatores que contribuíram para o abandono sedentário, pois tais conflitos eram marcados por agressões físicas e humilhação, conforme podemos observar nos relatos a seguir:

> A minha família é meio complicada… eu não tinha arranjo com meus irmãos, não tinha arranjo com meu pai, não tinha arranjo com minha mãe… então cada um segue sua vida, entendeu? Meu pai foi muito brabo comigo, achava que eu era um cachorro e me batia muito, até cansar… me humilhava na frente dos outros, me xingava de vagabundo… quando eu era menino me batia na frente de todo mundo… daí chegou um dia e pra não brigar abandonei eles e tô no trecho até hoje. (S3)

A minha mãe e meu pai, é tudo muito ruim, tudo bem de vida, mas... não sabe conversar com a gente. Só sabe conversar na base da porrada, na base do estúpido, não sabe trocar umas idéias sadia. Só quer saber de judiar da gente, daí peguei e fui embora. Meus pais me batia muito, me deixava amarrado no pé da árvore e me metia o cacete... então fui obrigado a sair, né? Eles me batia de reio, mangueira... (S13)

*Busca de liberdade*: embora o desemprego, a decepção amorosa e a violência familiar tenham predominado nas falas, quatro trecheiros mencionaram a busca da liberdade e as aventuras em lugares desconhecidos como o principal motivo para a errância. A liberdade é vista por eles como alternativa que encontram para se livrar de obrigações sociais, da pressão do patrão, da mulher, do ônus sedentário etc.

O problema de eu sair pro trecho é porque eu queria ser uma pessoa feliz, assim... livre, chegar e trabalhar num lugar sem ter que dar satisfação pra ninguém... Agora a pessoa que tá andando no trecho pode saber que ela tem problema com a família ou não tem paciência de ficar dentro de uma firma, fechado... e tolerar patrão, encarregado. Então se ele não quer tolerar ele procura o lado mais fácil, que é o lado de viver livre, hoje ele tá aqui, amanhã ele tá lá, então é isso aí, ele quer ser livre pra fazer o que quiser. (S1)

... a única vantagem de correr o trecho é a liberdade, né? Cê é livre, chega num lugar e não dá certo, cê sai e não precisa dar satisfação pra ninguém. Em casa é uma cobrança desgraçada, a mulher reclama que tem pagar isso, tem que pagar aquilo... chega uma hora que o cara não agüenta e resolve partir pra uma vida mais sossegada, livre, entendeu? (S6)

Como se pode observar nos exemplos acima, o desemprego, os conflitos familiares e a decepção amorosa parecem se constituir na trilogia central dos motivos para a ruptura dos trecheiros com o modo de vida sedentário. O desemprego desses indivíduos, associado a uma mão-de-obra desqualificada para o atual mercado de trabalho, parece se constituir, ainda, no principal fator que contribui para a sua inserção nas zonas de turbulências sociais. Assim, esse fator alimenta a instalação da *vulnerabilidade* e, conseqüentemente, a *desfiliação social*, tal como assinala Castel (1994, 1998).

NOMADISMOS CONTEMPORÂNEOS **75**

Neste aspecto, a falta de um emprego estável e duradouro parece impossibilitar a (re)inserção do trecheiro na "zona de integração" assinalada por Castel (1994), pois, na era do produtivismo intenso da economia globalizada, a qualificação profissional determina o grau de coesão e a participação do indivíduo nas estruturas sociais. Vivenciando a extrema miséria, sobrevivendo de maneira precária pelos acostamentos das rodovias, esses sujeitos simbolizam, verdadeiramente, o paradigma do *self made man* num narcisismo *às avessas*, pois nada lhes resta a não ser seu próprio corpo e sua *individualidade negativa*, deslocada para a zona de desfiliação social, já que, por não possuírem uma marca registrada que os diferencie dos outros por seus atributos pessoais, fazem da errância sua condição de vida.

> Restam então o tédio e a derrisão, as pequenas artimanhas ou as pequenas caças, as andanças pela cidade e as rondas noturnas, o perambular, a vagabundagem no mesmo lugar e sem horizonte ... se encontram, entretanto, sobre a crista da onda e representam um dos pontos avançados da desfiliação, mostrando seu limite, uma maneira de ser e de saber que é "inútil ao mundo", para retomar uma qualificação aplicada primeiramente aos vagabundos da Idade Média. (ibidem, p.44-5)

A cultura do narcisismo na sociedade do espetáculo parece impor ao sujeito contemporâneo regras precisas e extremamente sofisticadas em que as imagens ou aparências de sucesso projetadas pelo trabalho tornam-se os principais bens e aquisições a ser conquistados pelo indivíduo no mundo. Nesse sentido, o trecheiro se circunscreve em um espaço social contraditório, pois, ao mesmo tempo em que lhe cobram a inserção no mercado de trabalho, pouco lhe é oferecido em termos de uma estabilidade que assegure sua subsistência (Castel, 1994, 1998; Paugam, 1999; Ehrenberg, 1991; Debord, 1991; Lasch, 1983). Tampouco fazem parte de um exército de reserva, pois foram dispensados até mesmo das filas de espera por vagas, tornando-se completamente alijados dos núcleos de acesso ao "espetáculo do crescimento" e ao engrandecimento da sociedade e de si próprios.

Deste modo, a cultura narcisista, assim constituída, acaba por desenvolver inúmeros problemas sociais para a população menos favorecida economicamente e dificulta ou diminui as possibilidades de (re)inserção desses indivíduos no espaço social. Nessas circunstâncias, o sujeito errante pode desenvolver um modo de vida que é de fato distinto, mas que não inspira celebração ou promoção, pois ele é atirado num cotidiano extremamente rudimentar, no qual as adversidades se configuram como um senso onipresente de incerteza (Snow & Anderson, 1998). Portanto, o trabalho estável parece exercer grande importância para esses sujeitos e, de modo geral, continua sendo uma referência não só econômica, mas também psicológica, cultural e simbolicamente dominante, pois parece, ainda, determinar os níveis de relação que o indivíduo estabelece com a sociedade.

Os conflitos familiares e a decepção amorosa, principalmente a infidelidade da mulher, surgem também como um dos principais motivos que levam o trecheiro a romper com os nichos de fixação social. Tais problemas são também apontados por Paugam (1999) ao assinalar que, quanto mais a situação no mercado de trabalho se degrada, maior é a experiência de divórcio ou separação. Nesse sentido, parece existir uma correlação entre a falta de trabalho e problemas conjugais, pois o desempregado, depois de repetidos fracassos para encontrar uma ocupação, perde seus principais pontos de referência e pode atravessar uma profunda crise de identidade que culmina na desintegração familiar e na separação conjugal (ibidem).

A questão da infidelidade parece representar (no caso da errância e dos trecheiros especificamente) uma das maiores tragédias ocorridas na vida desses sujeitos, pois a mulher parece significar para eles a última ancoragem antes do naufrágio inevitável que é a experiência de desfiliação e instalação na precariedade sócio-relacional decorrente do desemprego. Assim, a traição da mulher parece representar a síntese das outras "traições" sofridas numa sociedade prenhe de promessas de satisfação e felicidade, mas que acaba impondo a errância, a frustração e o sofrimento. A traição da mulher pode representar, ainda, a impotência do sujeito diante de si e do mundo, porque na cultura masculina a infidelidade denota uma humilhação vergonhosa que precisa ser eliminada a fim de se restabelecer a honra e os valores da tradição machista (Bourdieu, 1999).

Conflitos vivenciados no núcleo familiar originário também aparecem como uma das razões apontadas pelos trecheiros como fator decisivo para a ruptura social. Os desentendimentos com os pais desde a infância parecem ser o reflexo da constatação de uma família que apresenta, além do fator migratório, diversos problemas constitutivos em sua organização. Enquanto se considera que a maior parte das pessoas tem um sistema de apoio familiar que pode ativar em épocas de crise pessoal, aqueles que se encontram na errância não têm tamanha sorte e se vêem desprovidos de um lar calorosamente acolhedor em tempos de dificuldades socioeconômicas.

> A principal razão dessa marginalização precoce é a ausência de relações estáveis com a família. Para os que encontram grandes dificuldades em se inserir na vida profissional, não poder ser ajudado pelos membros de sua família constitui uma privação de uma das formas mais elementares de solidariedade. (Paugam, 1999, p.77)

Assim, a instabilidade familiar pode se tornar, para determinados indivíduos, um fator decisivo de disfunção e turbulência que vai se agravando até o rompimento definitivo do sujeito com essa instituição social. Segundo Snow & Anderson (1998), os conflitos vivenciados por esses sujeitos acentuam a fragilidade e a ambivalência dos vínculos familiares, reforçando a hipótese de que famílias multiproblemáticas tendem a se dispersar quando não encontram alternativas para permanecer juntas devido aos infortúnios colhidos ao longo dos anos.

Situados nessas condições, alguns sujeitos vêem na errância a possibilidade de se libertar dos conflitos intermediados pela família e se lançam pelas estradas, em busca de melhores oportunidades socioeconômicas ou simplesmente pela aventura de ser livre. O gesto de partir, abandonando o sedentarismo, soa como um grito de libertação de todas as sedimentações que cercam esses sujeitos. Para alguns, a errância nas estradas significa não só a conquista da liberda-

78  EURÍPEDES COSTA DO NASCIMENTO

de diante de um sedentarismo aprisionante, mas a libertação das obrigações sociais, da intolerância do patrão, das dívidas a pagar, da opressão da vida estabelecida etc.

Entretanto, essa suposta sensação de liberdade tem um preço, justamente carregar o peso de uma gama de situações adversas e inesperadas num cotidiano caracterizado por um *individualismo negativo*. Segundo Castel (1998)

> ... essas prerrogativas do individualismo vão, assim, se aplicar a indivíduos que, da liberdade, conhecem sobretudo a falta de vínculos e, da autonomia, a ausência de suportes ... acentuando, assim, o caráter anômico da individualidade negativa. (p.598-9)

Portanto, as condições que favorecem a ruptura de determinados sujeitos com o sedentarismo indicam um complexo conjunto de fatores sociais, econômicos e psicológicos que, intermediados pelo desemprego, pela decepção amorosa, pela violência familiar e por tantos outros, interagem nas mais diversificadas formas de deslocamentos geográficos, fazendo da errância – movimentações minimamente indefinidas – uma das condições que assolam o mundo contemporâneo.

## Percepções de vida

Esta categoria teve por objetivo compreender como os trecheiros percebiam sua vida antes e após a ruptura com o sedentarismo. Os relatos indicam, obviamente, que existem contrastes entre os dois estilos de vida, pois o sujeito que se encontrava numa condição de "estabilidade" de repente se vê numa situação absolutamente precária, marcada pela miséria e pelo desamparo extremo, como ilustram as seguintes subcategorias:

*Vida sedentária*: a maioria dos sujeitos relata que sua vida pautada pelo sedentarismo era um pouco melhor, apesar de marcada por certos conflitos no âmbito familiar, como desentendimentos com os pais, irmãos e também esposa, conforme pudemos constatar na categoria anterior. A maioria relata, ainda, que possuía algum emprego e até mesmo residência, parecendo indicar, assim, que julgam a vida sedentária do passado melhor que a atual condição de vida, marcada pelas constantes adversidades na estrada.

A vida que eu tinha antes era melhor por causa que trabalhava de topografia, tinha um salário, casa pra morar e era melhor... se passava necessidade a gente tinha apoio da família... só que serviço acabou e a gente ficou nessa vida de cachorro, vai ali, vem aqui pra ver se acha alguma ocupação nas lavoura, essas coisa... mas tá difícil. (S3)

A vida de antes era melhor! Vixe! Ali cê tinha sua família, cê tinha seu lar, sua casa, cê levantava cedo, sua marmita tava pronta pra ir pro serviço, cê sabia que quando saísse do serviço cê tinha sua casa procê chegar, cê tava junto com seus filhos... no trecho cê não sabe nem quando vai comer. (S10)

*Vida errante*: a vida no trecho, por todas as suas dificuldades e instabilidades, é narrada pelos sujeitos como insuportável em função de inúmeras adversidades, como o clima (frio, chuva, calor), a falta de emprego, a humilhação, a penúria e o sofrimento, mesmo para aqueles que, na categoria anterior, nos relataram a possibilidade de ter uma vida livre e sem compromissos.

A vida de trecheiro não é uma vida boa não. Às vezes cê tá num lugar, não acha nada pra fazer, então tem que correr o trecho pra outra cidade pra ver se arruma alguma coisa... então a pessoa não tem sossego nessa vida. Passa necessidade de tudo, é frio, chuva, monte de coisas, tudo fica sem sentido quando cê tá no trecho passando fome, não ter um calçado pra aliviar... cê não pode contar com ajuda de ninguém, então não é uma vida pra um ser humano viver não... A vida do trecho é uma vida sofrida, bicho! A turma só falta pisar em cima docê e te humilhar! (S2)

Ah, rapaz! Acho que a vida de trecheiro não é vida de gente não, viu? Eu acho que pra mim... é uma vida muito sofrida, cara, o cara fica mais andando de a pé aí, nesse cafundó, eu tenho vergonha, tem hora que a gente sente até envergonhado de chegar nas pessoas e pedir assim um café, uma coisa assim... E esse negócio do trecho a cada dia o cara se

# 80 EURÍPEDES COSTA DO NASCIMENTO

pasta, leva vantagem nenhuma. A única vantagem que leva é canseira, e dia por dia se acabando aos poucos. Mesma coisa de um carro quando tá correndo na pista e os pneus vai se acabando, então é a mesma coisa a vida do trecheiro! (S14)

A passagem da vida sedentária para a vida errante parece ser permeada por acontecimentos típicos de uma cultura em que se privilegiam a performance, o individualismo e o espetáculo, sem considerar as condições pessoais e subjetivas de cada indivíduo na sociedade. Quando foi perguntado aos trecheiros como eles percebiam suas vidas marcadas pelo sedentarismo "estável" em contrapartida com sua atual condição de vida, verificou-se uma certa "nostalgia" do passado, quando muitos possuíam um teto para se abrigar e uma família a quem se socorrer em períodos de dificuldades.

A sociedade do espetáculo, na medida em que alimenta condições para a encenação do sujeito pela aquisição de bens nos planos micro e macrossocial (família, moradia, emprego, *status* etc.), representa a possibilidade de pertencimento a uma cultura pautada, exclusivamente, pela exaltação da imagem (Ehrenberg, 1991; Debord, 1991, Lasch, 1983). Neste contexto, a cultura do narcisismo completamente enraizada no imaginário social parece criar um sério problema para o sujeito ao centrar na performance e no consumo diferenciado boa parte da realização social, pois a possibilidade de consumo transformou-se no principal emblema de sucesso individual, em que a aquisição de bens diferencia as relações estabelecidas no cenário social e relativiza a noção de "exclusão" – o sujeito torna-se excluído não por necessidades básicas, mas, principalmente, por não possuir o que outras pessoas exibem ostensivamente (Dupas, 1999; Calligaris, 1999).

Desse modo, pode-se compreender que o fenômeno da errância exemplifica, de maneira indelével, exatamente a impossibilidade de acesso a essas diferenciações mediadas pelos bens de consumo, pois, como se viu, grande parte dos trecheiros é oriunda de uma classe de baixo poder aquisitivo, o que, conjugado com a desqualificação profissional, se torna um agravante insofismável para o pertencimento a esta cultura das diferenciações e, por que não dizer, das frustrações

(Dupas, 1999; Paugam, 1999). Segundo Ehrenberg (1995), na sociedade de frustrações "... o imaginário de ascensão social persiste num contexto que não lhe é mais favorável, e não se está certo de que ele será muito melhor no futuro" (p.16).

Assim, o culto da performance, do enaltecimento e da estetização do eu acaba se tornando um dilema aterrorizante para aqueles que não têm condições de criar seu código de visibilidade na cena do espetáculo (Birman, 2000; Ehrenberg, 1991; Debord, 1991, Lasch, 1983). O resultado desse processo parece ser o surgimento de uma classe cada vez maior de miseráveis que se instalam na zona de desfiliação social, dando origem a um *individu incertain* que, despojado pelo enfraquecimento de acessibilidade ao conjunto figurativo da coesão social, tenta criar mecanismos que sustentem ou mantenham sua individualidade, mesmo que negativa (Ehrenberg, 1995; Castel, 1994, 1998).

Deslocados para fora do pertencimento a uma coesão social, os trecheiros e os demais errantes parecem representar, simbolicamente, o estigma do *indivíduo incerto*: sua vida é marcada profundamente pelas incertezas e instabilidades, e à medida que se arrastam os dias e os meses começam a perder de vista o mundo do qual vieram, como assinalam Snow & Anderson (1998). Assim, essas incertezas passam a fazer parte do *status quo* da errância e condicionam o sujeito "a se virar como pode" no dia-a-dia.

Portanto, o estilo de vida dos trecheiros deste estudo é marcado por dois momentos distintos e decisivos: um relacionado ao sedentarismo, que se enfraquece à medida que desmoronam as possibilidades de pertencimento social, e outro relacionado a uma errância implacável e radical que dissipa toda e qualquer possibilidade de estabelecimento de vínculos no plano socioafetivo. O sujeito assim constituído faz da errância sua condição extremada de existência, na qual a provisoriedade absoluta e a miséria parecem tornar-se os maiores desafios para sua sobrevivência. Nesse sentido, segundo Justo (1998), a vida na estrada expressa, ainda, "... a luta contra a morte, a tentativa-limite de lutar pela vida, de sobreviver mesmo não tendo teto, um lugar para ficar, um agasalho e alimentação" (p.137).

Portanto, o fenômeno da errância pode ser compreendido como o avesso da cultura do narcisismo, pois, se o indivíduo não possui condições econômicas, sociais e principalmente subjetivas para vencer as tiranias impostas pelo culto da performance, corre um sério risco de cair nas "zonas de turbulências sociais", compreendidas aqui como zona de vulnerabilidade e zona de desfiliação (Castel, 1994). No caso específico de indivíduos com baixo nível de escolaridade, desempregados, marcados por diversos conflitos familiares e situados no limite da miséria, que alternativas lhes restam para escapar de um processo de desqualificação iminente?

Segundo Castel (1994, 1998), pouco lhes resta a fazer porque não apresentam nenhum *royalty* que lhes garanta o visto de entrada ao almejado paraíso da performance, pois suas qualificações são negativas e literalmente são considerados inúteis para o mundo. Assim, o fenômeno da errância parece representar o paradoxo inexorável do mundo completamente fetichizado pela objetificação material, cujas conseqüências são as metamorfoses de um individualismo negativo minado pela não-seguridade e pela ausência de proteções.

## Experiências marcantes

Esta categoria de análise teve por objetivo conhecer junto aos trecheiros quais os eventos ou as experiências que marcam suas trajetórias de vida na condição de errantes. Episódios relacionados a roubos cometidos pelos "pardais",[2] bem como ajuda de viajantes que oferecem alguma alimentação, são os acontecimentos mais citados e considerados marcantes por eles, conforme ilustram as seguintes subcategorias:

*Vítimas de roubo*: o roubo é um dos acontecimentos mais comuns que os trecheiros enfrentam em suas trajetórias errantes. A maior parte dos roubos é realizada pelos pardais, que os interceptam e lhes

---

2 Segundo Brognoli (1997), o termo "pardal" se refere a pequenos bandos que circundam as cidades e, como acontece com a ave de mesmo nome, não se distanciam muito de seus ninhos.

NOMADISMOS CONTEMPORÂNEOS **83**

furtam os poucos pertences que carregam, tais como documentos, objetos utilitários, a bebida alcoólica etc.

> Uma vez fui roubado por pardais lá em Maringá (PR). Roubaram minha bolsa com todo os meu documento. Me levaram a muringa, a garrafa de cachaça e a carteira de trabalho. Eles fala que é trecheiro, mas eles são da cidade, são vagabundo, ficam na praça tomando cachaça... e fazendo o trecheiro de escravo dele para conseguir as coisas. (S5)

> A única coisa marcante que eu notei só foi quando eu vinha vindo de Foz do Iguaçu (PR) pra Cascavel (PR) que roubaram minha mochila, a minha colher de pedreiro e a minha carteira de trabalho... foram os pardais que me pegaram meu CIC, a identidade, meu título de eleitor... então fica muito difícil cê fazer o trecho desse jeito... sem documento, as autoridade pensa que nóis somos tudo bandido e vagabundo e ninguém te dá serviço. (S10)

*Solidariedade*: paradoxalmente em relação aos episódios de roubo, a solidariedade é um outro componente que marca positivamente a vida do trecheiro no dia-a-dia. Em determinadas ocasiões, dizemse até impressionados com a ajuda oferecida por algumas pessoas que trafegam com seus veículos pelas estradas: param para doar alguns alimentos, calçados ou até mesmo para dar carona para a próxima cidade. Apesar de vivenciarem a discriminação e de terem a solidão como companheira inseparável, a solidariedade praticada por aqueles que ainda se comovem com essas situações é percebida por eles como significativa.

> A coisa bacana da estrada é assim... uns oferecem uma alimentação, uma carona, né? Outros já discrimina a pessoa que tá andando... acha que pode ser um malandro, então o trecheiro é discriminado de vários tipo e as pessoas vê ele diferente. Mas muitos caminhoneiro ajuda a gente, te oferece carona, te paga um marmitex, tem muita gente boa na estrada, entendeu? (S1)

> Uma vez eu tava andando e um carro parou e um rapaz me deu um refrigerante, um pacotinho de bolacha, me ofereceu carona pra próxima cidade. Isso eu não esqueço por causa que naquele dia eu tava com sede,

fome, só que não é todo mundo que te oferece carona na estrada não. Acha que cê é vagabundo, bandido, mas tem pessoa que tem um coração bom, se pudesse te ajudar mais, te ajudaria. (S3)

Essas narrativas parecem demonstrar claramente que a vida errante é uma vida repleta de imprevistos, pois, se por um lado se deparam com os pardais, que lhes retiram os poucos pertences que carregam no gogó de ema, encontram por outro lado solidariedade de caminhoneiros e viajantes. A impressão que temos é que as experiências negativas que o sujeito vivencia no trecho parecem provocar o distanciamento das relações de proximidade com seus pares, levando-o a desconfiar de todos e a escolher o isolamento como forma de se autoproteger de possíveis confusões pelo trajeto.

Uma explicação possível para que eles tenham menos envolvimento com os seus pares é encontrada exatamente nos episódios de roubos dos quais são vítimas. Embora não carreguem objetos valiosos que incentivem a cobiça de outros trecheiros – segundo Justo (2002), a maioria carrega pequenos pertences utilitários, como caneca, pente, colher etc. –, os roubos cometidos pelos pardais representam a possibilidade de perda da própria identidade que ainda carregam consigo, qual seja: a imagem de um indivíduo desempregado em busca de melhores oportunidades na vida. Isso pode ser verificado nos próprios relatos, nos quais a maioria atribui grande importância para os documentos de identificação pessoal (carteira de identidade e de trabalho), que, metaforicamente, representam uma espécie de "escudo" ou proteção contra discriminações sociais e pejorativas criadas em torno da condição de errante.

As experiências negativas vividas nestas situações parecem gerar uma certa desconfiança que resulta em relações individualistas nas estradas, fortalecendo a necessidade de isolamento em que predomina a lei do "cada um para si". Nascimento & Justo (2000) consideram também que a lei do "cada um para si" está relacionada a acontecimentos traumáticos vivenciados pela maioria, como as desavenças entre eles seguidas de mortes, uso abusivo de álcool, disputas ocasionais por mulheres do trecho etc.

Confrontado com as incertezas e estranhezas provocadas pelas adversidades encontradas no dia-a-dia, o isolamento pode permitir ao trecheiro, por outro lado, a possibilidade de pensar sobre suas experiências e identidades passadas com vistas a encontrar alternativas ou estratégias para sair da atual condição em que se encontra, pois, conforme já salientado, a maioria não se identifica com sua condição de errante.

Esta constatação também é considerada por Snow & Anderson (1998), quando constatam que

> ... eles estão entre os que buscam de modo mais freqüente tanto emprego convencional quanto trabalho de um dia ... repudiam a identidade social de pessoa de rua e rapidamente enfatizam para os outros que não são como a maioria dos moradores de rua ... (p.90)

Assim, o isolamento e o distanciamento de seus pares na estrada podem estar relacionados, em parte, à questão da identidade, que, presa ao passado, impossibilita ao trecheiro o estabelecimento de novos vínculos sociais, já que se reconhecem como trabalhadores desempregados que sofreram algum tipo de infortúnio na vida.

Os trecheiros que se teve a oportunidade de entrevistar demonstraram também que não aceitam os rótulos que os estigmatizam (bandidos, vagabundos etc.), dando a entender que vivenciam um certo conflito entre a identidade pessoal e a identidade social. Segundo Snow & Anderson (1998), a aceitação da identidade pessoal envolve uma confirmação verbal e expressiva do sujeito com os vínculos permeados pela identidade social, pois "... a aceitação sugere que a identidade social coincide com a identidade pessoal. Desse modo, a aceitação envolve o reconhecimento e o não-repúdio de identidades sociais sugeridas" (p.353).

Entretanto, a vida no trecho também apresenta momentos de solidariedade, como quando viajantes param para oferecer algum tipo de ajuda. Esses acontecimentos, pouco habituais nos dias de hoje, em virtude da própria volatilidade – ninguém quer perder tempo –, parecem apaziguar, momentaneamente, a solidão vivenciada pelo trecheiro e possibilitam um certo contato anônimo e efêmero

86 EURÍPEDES COSTA DO NASCIMENTO

com o outro. Esse evento, visto como marcante pela maioria, parece possibilitar, então, um momento singular para eles que estão acostumados a sofrer todos os tipos de discriminação devido à imagem estereotipada que carregam de sujeitos maltrapilhos, com roupas puídas e sujas, cabelos e barbas desleixados que aludem, para o senso comum, à caricatura de um marginal ou vagabundo que cavou a própria condição de miséria absoluta.

Curiosamente, este estigma, muito enraizado na cultura do narcisismo, passa a ser percebido pela maioria dos cidadãos como algo natural, dado pelas próprias condições contemporâneas, em que se celebra o sucesso e nas quais a culpa pelo fracasso pessoal é de responsabilidade única e exclusiva do próprio sujeito em suas ações. Trata-se, portanto, de uma naturalização da marginalidade e da pobreza, como bem assinala Dejours (1999) ao analisar os processos de "banalização da injustiça social", nos quais a percepção do sofrimento alheio se transformou, *stricto sensu*, de uma postura de resignação e cumplicidade para outra de atenuação e tolerância das adversidades nos planos ético e político.

Nesse caso, pode-se conjeturar que a errância pode ser o reflexo de uma sociedade que, ao celebrar a conquista pessoal como resultado de um processo democrático e igualitário, banaliza e naturaliza a desfiliação radical do trecheiro, na medida em que considera a desigualdade, a migração e o deslocamento como condições tipicamente naturais na cultura.

## Modos de sobrevivência

A sobrevivência no trecho é com certeza um dos maiores desafios enfrentados pelos trecheiros. Embora estejam em uma situação de precariedade e dificuldades para prover o próprio sustento, muitos procuram por algum tipo de trabalho temporário. Outros, em virtude dos longos anos de errância, e talvez desesperançosos quanto ao futuro, admitem pedir comida em casos extremos para sobreviver. Os modos de sobrevivência foram divididos conforme as seguintes subcategorias:

*Trabalho temporário*: conforme já apresentado acima, a busca por trabalho parece direcionar a trajetória de vida da maioria dos trecheiros, indicando, assim, que muitos ainda se identificam como sujeitos desempregados. Neste caso, a importância do trabalho pode ser compreendida como um dos principais elementos para a constituição de si, ao passo que pedir comida parece significar para eles humilhação, vergonha e desonra.

> A gente trabalha, sempre trabalhei, sempre consegui minhas coisas trabalhando. Eu não gosto de pedir não, se eu puder trabalhar, eu vou trabalhar pra matar minha fome... mas serviço tá difícil, então a luta é essa, evitar se humilhar pra comer e encontrar um emprego e tentar de novo. (S2)

> Pedir comida eu não peço, quase morro de fome, mas não peço, eu fico delibitado, seco, rapaz, mas não peço porque me dá vergonha um pouco, sou um rapaz novo, trabalhador, eu quero é serviço, cara. Vou atrás de serviço, converso com um, serviço não tem, aí o cara acaba te ajudando, te dá um prato de comida, às veis uns trocado pra ir tocando. (S6)

*Mendicância*: a necessidade de pedir comida como um dos meios de sobrevivência para determinados trecheiros parece indicar aqui a última alternativa que eles encontram para ainda se manter como pessoas probas e honestas, em detrimento da possibilidade de envolvimento em atividades ilegais, como o roubo, por exemplo. Assim nos relatam:

> De repente, dá fome, chega num restaurante em beira de estrada... aí conversa com o dono e pede comida. Nunca me negaram, mas não é mole pedir, às veis cê tá sujo, tem dia que pega chuva e muitas pessoa te discrimina por isso, mas se for mexer com coisas erradas é pior, a gente vai preso, o nome fica sujo e como é que fica depois?(S4)

> Comida eu peço. Se eu tiver com fome, e alguém passando, isso aí eu peço mesmo... a gente pede em posto de gasolina, restaurante, aí a gente conversa com as pessoas, chama o gerente, e peço pra pessoa um

## 88  EURÍPEDES COSTA DO NASCIMENTO

salgado pra matar a fome, quer dizer, eu tô sendo honesto com ele, entendeu? Se eu for roubar pra comer, o cara pode mandar me prender e isso complica a gente, né? (S14)

Conforme se pode verificar nesses relatos, o trabalho parece significar para os trecheiros o principal meio de constituição de si e o maior desafio a ser superado no trecho, além das adversidades climáticas como o frio, a chuva, o sol, o relento e, às vezes, o próprio trajeto inóspito. Como já analisado em categorias anteriores, o trabalho parece representar para esses sujeitos o decoro, a dignidade e a *raison d'être* que os direcionam a enfrentar a lassidão e a superar os próprios limites.

Considerando a dificuldade que muitos experimentam ao tentar trabalhar para sair da condição de errantes, e conhecendo as instituições que os acolhem temporariamente (oferecendo comida e abrigo), não é de surpreender que muitos acabem se adaptando e até se habituando a essa situação, haja vista que a maioria se encontra na estrada por um tempo superior a quatro anos (ver Quadro 2). Como assinalam Snow & Anderson (1998), esses sujeitos "... vão se escorregando em direção à situação de *outsider*, mas continuam a fazer pelo menos esforços efêmeros de resistir" (p.298).

Assim, a busca pelo trabalho pode ser interpretada também como um mecanismo de negação da própria realidade que procuram afugentar, mas que provavelmente se tornará rotinizada à medida que passam a ver, de modo mais claro, como é possível subsistir nessas precárias condições. Snow & Anderson (1998) nos auxiliam uma vez mais nessa discussão ao assinalarem, também eles, que com o passar dos anos os errantes aprendem maneiras diferentes e eficazes de cuidar de suas necessidades físicas e psicológicas, estabelecendo um certo grau de familiaridade e adaptação no cotidiano da estrada.

Apesar de a busca do trabalho ser a primeira alternativa de sobrevivência para o trecheiro, o ato de pedir comida não está descartado e pode significar a maneira que eles encontram para não se envolver em atividades vistas como ilegais, que, nesse caso, além de trazer complicações junto às autoridades judiciais, comprometeriam suas

NOMADISMOS CONTEMPORÂNEOS **89**

estratégias para sair da atual condição. Curiosamente, o ato de pedir comida parece significar para esses sujeitos a maior humilhação que um indivíduo pode sofrer, superando até mesmo outras como a própria traição da mulher, denotando, assim, uma identidade pautada pelos valores da tradição da cultura do narcisismo e da masculinidade, pois nos padrões dessas culturas é indigno e inaceitável para o homem ter que se humilhar para sobreviver (Lasch, 1983; Bourdieu, 1999; Paugam, 1999).

Nesse aspecto, tal como descreve Paugam (1999), o ato de pedir qualquer tipo de ajuda a outrem pode ter uma conotação de inferioridade e significar, ainda, uma renúncia ao "verdadeiro" *status* social e uma perda progressiva de identidade, pois "... é uma experiência humilhante ... desestabiliza as relações com o outro, levando o indivíduo a fechar-se sobre si mesmo" (p.74). Nessas condições, o trecheiro pode, portanto, interiorizar uma identidade negativa e adotar atitudes de introspecção, evitando assim as relações de proximidade com o outro, fato que pode explicar, em parte, a preferência de muitos pela solidão no trecho.

Seja como for, a sobrevivência na estrada é uma questão crucial para todos os trecheiros, pois, inseridos numa condição pormenorizadamente desfavorável, em que a peleja para subsistir é carregada de experiências humilhantes, só lhes resta a esperança de contar com a própria sorte e tornar essa situação menos angustiante graças aos escassos trabalhos temporários. De qualquer forma, enquanto o trabalho fizer parte de sua rotina de sobrevivência e a solidariedade amenizar sua jornada cotidiana, mesmo que brevemente, sua vida ainda poderá ser tomada pelo imprevisível, pelo provisório e pelo inesperado que grassam na vida contemporânea.

## Relações familiares

Esta categoria procurou investigar as relações estabelecidas pelos trecheiros, principalmente, com seus familiares. Contatos esporádicos, como uma visita ao ano, parecem ocorrer com aqueles sujeitos que mantiveram uma relação pouco conflituosa no núcleo familiar, enquanto para os que vivenciaram uma relação permeada por desavenças com a família a falta de vínculos parece ter pouca ou quase nenhuma importância. A análise dos relatos desta categoria permitiu-nos subdividi-la em duas subcategorias:

*Ausência de vínculos*: a maioria dos entrevistados nos relata que perdeu todo o contato com seus familiares devido aos desentendimentos que permeavam a vida em família. Em alguns casos, a ausência de vínculos está relacionada também a problemas com a pensão dos filhos, o que impede o trecheiro de manter contato, já que se encontra numa situação desprovida de qualquer tipo de renda mínima. Os relatos parecem indicar, ainda, que a ausência de contatos é percebida como algo inevitável quando a família apresenta aspectos problemáticos em sua estrutura. Exemplos:

> Depois que eu separei da mulher perdi contato... já faz uns dez anos que eu vi eles [filhos], mas é assim: a família dela quando chegava lá, eles só queria pensão, eles não queria que eu recebesse os carinhos da criança... mas dinheiro tá difícil e eu não tenho como mandar nada pra eles [filhos]. Eu sinto que minhas crianças têm até vergonha de falar comigo... (S5)

> ... meus planos agora são outro, é voltar pro Paraná e tentar me estabilizar, mas sem ter contato com a família... porque a família serve só pra destruir o que você tem, entendeu? Ninguém quer te ajudar, e quando você tem uma coisinha, eles quer te tomar... minha família só me fudeu... então que se dane eles tudo! (S7)

*Laços frágeis*: para alguns trecheiros que ainda possuem pai e mãe vivos, bem como filhos que moram com parentes próximos, visitas eventuais pelo menos uma vez por ano parecem fazer parte de seu cronograma errante. Embora a ruptura com a vida sedentária impulsione o indivíduo para a estrada, verificou-se que na impossibilidade de efetivar uma visita o telefone aparece como um dos meios mais eficazes de manter contato, conforme os seguintes exemplos:

> Tenho contatos com eles sim. De vez em quando telefono pra lá... Minha mãe até chora quando ligo pra casa... falo que volto mas acabo não voltando nada. Quando eu volto pra casa, eu fico lá uns dias, fico lá

# NOMADISMOS CONTEMPORÂNEOS  91

assim só um pouquinho, fico lá um mês, dois mês com eles mas volto pro trecho de novo, pego minhas coisas e vou embora. (S2)

Com os filhos sim, com ela [esposa] não, né meu! Quando descolo um bico [trabalho temporário] compro cartão e ligo pra eles. Os filhos nenhum gosta dela, eles mora com uma sobrinha minha. O cunhado meu é irmão dela, e casado com minha sobrinha, e eles não gosta dela de jeito nenhum, especialmente o mais velho, né? não gosta nem de ver a cara dela. (S14)

Conforme se pôde verificar, os vínculos familiares parecem desempenhar pouca importância para esses sujeitos, mesmo naqueles casos em que os contatos são estabelecidos de maneira peremptória. Os relatos também parecem indicar que as relações estabelecidas no universo familiar são permeadas por sentimentos ambivalentes, pois, conforme verificado, a ausência de vínculos pode estar relacionada, ao que tudo indica, com problemas na própria dinâmica estabelecida no interjogo das relações, principalmente quando o trecheiro faz tentativas de contatos e não é bem-aceito ou recebido pelos parentes.

Esses valores "negativos" assimilados pelo trecheiro parecem ter sua gênese no próprio histórico da família, que migrava de um lugar a outro em busca de melhores oportunidades de vida. Conforme se demonstrou em categorias anteriores, a principal razão dessa ambivalência pode ser a ausência de relações estáveis vivenciadas no núcleo familiar. Pelo fato de se deslocarem aleatoriamente por várias cidades, esses sujeitos ficam desprovidos da transmissão de valores "positivos" que possibilitem suas inscrições nas redes de sociabilidade, cujo reflexo é, como sabemos, o deslocamento para a zona de desfiliação social (Castel, 1994, 1998).

Segundo Castel (1994), esses acontecimentos apreendidos no núcleo familiar desestruturam as bases de identificação do sujeito, que passa a introjetar apenas os valores negativos e contraditórios dessa relação em sua personalidade. Aliás, a própria família parece carregar consigo valores embotados pelas circunstâncias da migração e pouco pode oferecer e transmitir ao sujeito um projeto de sustentabilidade para a integração efetiva no âmbito social, pois

## 92 EURÍPEDES COSTA DO NASCIMENTO

> ... poucas coisas foram transmitidas familiarmente, escolarmente, culturalmente e com muito pouco porvir, pois não existem mais que frágeis suportes em que possam atar neles uma trajetória: *no future* (Castel, 1994, p.44, destaque do original).

Um outro aspecto que parece ser decisivo para a ausência de vínculos do trecheiro com seu meio familiar é o dos fatores socioeconômicos, pois os relatos também mostram que certas deficiências ocupacionais e onerosas do indivíduo, como o desemprego prolongado e a dependência ociosa, acabam por se tornar incômodas e dispendiosas demais para que possa se manter em casa por muito tempo. Nessas circunstâncias, Paugam (1999) nos dá uma contribuição importante nesta análise ao assinalar, também, que a ausência de contatos com a família está relacionada com o fato de o sujeito se sentir pouco à vontade com esta situação, preferindo o isolamento na estrada do que a humilhação exasperada de pedir socorro à família.

> É importante indicar aqui um duplo efeito: ao invés de ser solidária, a família pode adotar uma atitude reticente em relação ao membro marginalizado em virtude do sentimento de desonra que ele acabou despertando nos seus familiares. O rompimento significa, nesse caso, uma maneira de evitar o descrédito ... após um desentendimento ou uma série de conflitos. (Paugam, 1999, p.78)

Entretanto, nem todos os trecheiros entrevistados introjetaram experiências desastrosas e ambivalentes com seus familiares, indicando, assim, que além dos problemas socioeconômicos parece haver aspectos de ordem cultural para a vinculação familiar. Essa constatação pode ser verificada quando os trecheiros relatam de maneira espontânea e despreocupada os contatos esporádicos que mantêm com os familiares, ou seja, parece que estes contatos realizados somente uma vez por ano são o suficiente para amenizar as perdas, acalentar os afetos e encurtar as distâncias.

Deste modo, o fator cultural pode ser um outro indicativo para compreender as razões pelas quais muitos trecheiros ainda mantêm contatos com a família. Nesse caso, deve-se lançar a hipótese de que, se uma família transmite valores positivos ou negativos – em virtude da própria condição migratória –, o que pode contribuir para as vinculações/desvinculações futuras é o fato de perceber se essas relações com os pais e demais integrantes possuem importância demasiadamente intrínseca para eles ou se é algo deliberadamente despojado de significações mais amplas.

Quando os problemas de ordem social, econômica e afetiva são encarados pelos sujeitos como um fato incontestável, pode ser que a transmissão dos valores ditos "positivos" – como, por exemplo, o acesso a uma escolaridade eficiente que crie condições para o sujeito projetar esperanças futuras, almejar sucesso pessoal, subjetivo etc. – tenha pouca ou quase nenhuma importância para eles, dada a tendência que os desfiliados têm a naturalizar e até mesmo alienar sua condição de miserabilidade, ou seja, são fatos que, *a priori*, não se questionam. Snow & Anderson (1998) mais uma vez endossam nossas considerações quando assinalam que esses sujeitos

> ... vêm de famílias que têm pouco apoio econômico ou emocional para oferecer em tempos de necessidade, quer essa necessidade seja ocasionada por forças estruturais, deficiências pessoais ou apenas puro azar ... Então, se o azar é um fator precipitador, outras formas que não a vitimização estrutural devem estar em ação também. (p.423)

Portanto, a presença ou ausência de vínculos que o trecheiro estabelece com sua família pode ter suas raízes numa formação sociocultural em que os valores são apreendidos e introjetados visando a formação da identidade, ou pode estar associada às mutações econômicas que permeiam e segregam as estruturas sociais e condicionam esses sujeitos a aceitar suas situações como um fator inquestionavelmente humilhante, situações em que a errância se apresenta como uma estratégia de elaboração do sofrimento em face das agruras da vida.

## Uso de álcool no trecho

Os motivos apontados pelos trecheiros para o uso do álcool na estrada parecem estar associados à necessidade de esquecer as frustrações do passado, sobretudo as relações conflituosas com a mulher.

O uso da bebida também é relatado por alguns como uma das alternativas possíveis para esquivar-se a sensações de angústia e conflitos em que vivem na realidade e criar coragem para enfrentar as adversidades vivenciadas por eles no trecho, conforme se pode verificar nas seguintes subcategorias:

*Esquecer problemas*: os relatos apresentados pelos trecheiros nesta subcategoria indicam que a figura feminina representa os infortúnios a ser "esquecidos" e enfrentados no cotidiano do trecho, pois os conflitos vivenciados com a mulher aparecem nas entrevistas como um acontecimento crucial em suas vidas. Deste modo, devido à insuportabilidade de sua atual condição de vida, o álcool parece atuar como um apaziguador momentâneo desses conflitos, como ilustram os seguintes exemplos:

> ... quero beber pra mim sair fora do ar, pra sair da realidade... no trecho fico deprimido... então bebendo cê esquece de tudo, da mulher que te traiu, da minha mãe que não vale nada, entendeu?, só não esqueço da minha filha, isso não dá pra esquecer... (S7)

> No trecho cê começa a pôr aquilo na cabeça, e fala: "tenho que beber pra poder esquecer", se cê for pôr tudo na cabeça, porque a maioria dos trecheiros bebe pra acabar com aquele sentimento, acabar e esquecer tudo, né? A gente começa a pensar muito na vida, meu, os problemas que já tive, a separação da mulher, então toma assim mesmo pra esquecer dos problemas. (S14)

*Encorajamento*: além dos problemas afetivos vivenciados pelo trecheiro, outra razão apontada para o consumo de bebidas alcoólicas no trecho parece estar associada à necessidade de adquirir maior encorajamento para enfrentar as adversidades causadas pelo desamparo absoluto. O álcool funciona, nesse caso, para diminuir a inibição e permitir que o trecheiro peça comida em situações precárias de subsistência. Exemplos:

> Eu bebo é pra acalmar os nervos... Bebo também porque não tenho coragem pra chegar numa pessoa e pedir e com uma na cabeça, você não tá nem aí, parece que te dá mais coragem, não sei te explicar não. (S4)

... você vê, hoje não tenho nada, só a coragem pra trabalhar... hoje tudo acabou, a vida é outra, é ir atrás de um serviço, então a bebida te ajuda a enfrentar o trecho que não é fácil, ela te dá ânimo pra pedir comida porque pedir de cara limpa eu não tenho coragem de pedir não. (S8)

Os exemplos apresentados nas subcategorias acima parecem indicar que a bebida alcoólica ocupa na vida desses sujeitos um lugar considerável, pois nos momentos de dificuldades, solidão, desespero e infortúnios de toda natureza o álcool parece atuar como um apaziguador de conflitos sociopsicológicos existentes num repertório de vida calcado no desenraizamento e na desmantelação completa de um espaço geográfico habitável. Chama a atenção a importância atribuída à figura feminina, identificada como uma das "causadoras" de seus infortúnios e responsável, direta ou indiretamente, pelo uso freqüente e abusivo da bebida alcoólica no trecho.

Nesse aspecto, o passado parece exercer uma importância considerável nas vivências cotidianas desses sujeitos, pois ele sempre é lembrado, seja de maneira "gloriosa" – pelo fato de ter constituído uma família (esposa e filhos) –, seja, ainda, de maneira "desastrosa" – pelo fato de ter experienciado a infidelidade da companheira nas etapas cruciais da vida. Deste modo, parece que a figura feminina ocupa no repertório psíquico desses sujeitos um lugar privilegiado, pois simboliza a única possibilidade de satisfação de seus desejos, cuja totalização para eles seria sempre recusada ou dissimulada.[3]

Preso a um passado em que a celebração do desejo pode ter sido abruptamente interrompida por situações conflituosas de ordem socioeconômica – como a falta de emprego estável que garantisse a possibilidade de arcar minimamente com os encargos do sedentarismo –, o trecheiro se vê mergulhado num presente adverso, sem dispor de perspectivas concretas que o direcionem ao futuro ou a um sonho de prosperidade, em virtude das frustrações afetivas do passado. Nesse sentido, a infidelidade da mulher, embora pareça ser um

---

3 Uma leitura mais aprofundada sobre a importância da figura feminina na subjetividade do alcoolista pode ser encontrada em Melman (1992).

acontecimento traumático para aqueles que a vivenciaram, pode estar relacionada não necessariamente com a traição em si, mas ao fato de o sujeito não ser reconhecido narcisicamente no âmbito familiar, pois "... o que parece fazer falta ao alcoolista, e do que tem sede, é a possibilidade mesma do gozo ... e de ser respeitado como sujeito" (Melman, 1992, p.20).

Deste modo, poder-se-ia conjeturar que a infidelidade da mulher (como um ato semântico de traição), analisada da perspectiva do sujeito narcisista, parece ter um valor secundário se se considera que o que está em jogo na trama subjetivante desses sujeitos não é a traição em si, mas a falta de reconhecimento afetivo no âmbito familiar. Em associação a essa idéia de que a infidelidade pode ser apenas a constatação do não-reconhecimento narcísico do sujeito na cena familiar, poder-se-ia, então, considerar que a errância representa o protótipo negativo e radical do reconhecimento desses sujeitos nesse contexto, pois

> ... eles estariam aquém da performatividade exigida das individualidades para a estetização da existência. A eles falta, enfim, o narcisismo necessário para implementar a inflação do eu e colocar banca na cena do espetáculo. (Birman, 2000, p.247)

Portanto, analisada da perspectiva do narcisismo, parece que a infidelidade da mulher representa apenas uma constatação *sine qua non* dos modos de articulação veiculados na sociedade do espetáculo em que as imagens de vitória e sucesso pessoal são atributos indispensáveis para a possibilidade de reconhecimento narcísico do sujeito, tanto no espaço macrossocial – sociedade – como no cenário microsocial – família (Lasch, 1983; Debord, 1991; Ehrenberg, 1991; Birman, 2000). Nesse sentido, as bebidas alcoólicas, articuladas com as instabilidades geradas pelas exigências do culto da performance, parecem se inscrever nesse cenário individualizante e aterrorizante como uma das possibilidades de o sujeito se refugiar, mesmo que temporariamente, das vicissitudes socioafetivas nas quais está inserido.

Neste momento, não se pode deixar de mencionar a análise de Alain Ehrenberg (1995) sobre o *indivíduo incerto*, que se supõe estar presente também nos trecheiros. Segundo o autor, as exigências impostas pelo "culto da performance" desestabilizam alguns sujeitos, que, por circunstâncias desfavoráveis, são incapazes de incorporar no cotidiano um discurso apropriado em que se privilegiam as conquistas pessoais, o que dá margem ao surgimento da idéia de um *individu souffreur* que recorre ao consumo de bebidas alcoólicas ou drogas como um ato desesperado de reconciliação consigo mesmo através das técnicas de construção de si. Assim, a bebida alcoólica e também as drogas, lícitas ou não,

> ... participam das contradições da liberdade moderna entre a aspiração de se orientar por si mesmo e o preço de carregar sozinho sua própria existência ... e se inscrevem, ainda, como modos de evitar a experiência de individualidade, esta delicada relação instável entre si e o mundo. (ibidem, p.64-6)

No caso da errância, especificamente, poder-se-ia ainda acrescentar que o conceito de *indivíduo incerto* pode estar relacionado com a idéia desenvolvida por Castel (1994, 1998) sobre o *sujeito desfiliado* que, deslocado para as zonas de vulnerabilidade e desfiliação social, necessita criar mecanismos para se manter como pode num dia-a-dia completamente estremecido por incertezas que permeiam sua subjetividade. Portanto, para suportar as adversidades enfrentadas em cada trecho percorrido na estrada, a recorrência ao uso do álcool parece fazer parte, de fato, de seu cotidiano e, como acentua Castel (1998), não tem muito a ver com um movimento de afirmação de si, mas "... não deixam de ser aventuras de alto risco ... à medida que é mais frágil e ameaçada de decomposição" (p.604).

Imersos num presente atípico em que parece predominar o sentimento de solidão, tédio e indiferença, a bebida alcoólica parece ainda significar para o trecheiro a possibilidade momentânea de conquistar coragem e apaziguar os conflitos vivenciados num passado carregado de impressões afetivamente insatisfatórias, funcionando, assim, como um antídoto psicológico para as dores da existência. Segundo a análise de Alonso-Fernández (1991), o sentimento de indiferença presente em quase todos os alcoolistas pode criar, nesses casos, uma perda ou uma limitação dos interesses e aspirações em si mesmo, ou seja, parece que o não-realizável deixa de ser interessante, enquanto no tédio as aspirações vagueiam sem encontrar seu objeto.

Por outro lado, o uso do álcool apontado pelos trecheiros como facilitador da comunicabilidade e de contatos com o outro pode ser explicado aqui como um mecanismo de fuga diante das frustrações da realidade em que predominam uma certa sensação de insegurança e o medo de tomar iniciativas. O uso do álcool parece propiciar também a evasão de uma realidade nitidamente torpe, pois fica claro nas entrevistas que o trecheiro só consegue se comunicar com outras pessoas mediante o consumo da bebida, que permite, ainda, quebrar o silêncio entre o sujeito e o mundo e amenizar o sofrimento enfrentado nas labutas diárias de sobrevivência.

Assim, a bebida alcoólica parece significar para o trecheiro a possibilidade momentânea de sair de seu mundo, caracterizado pela solidão e pela indiferença, para entrar em contato com o mundo do outro, completamente estranho e adverso ao seu, o que permite inferir que o álcool para eles pode estar associado à necessidade de vencer a timidez e criar seu espaço de comunicabilidade. Seja como for, o uso de álcool pelos trecheiros é um fato *sui generis* incontestável em suas jornadas, pois, além de facilitar um contato anônimo com seus semelhantes, funciona também como um dos elementos potenciadores para aliviar as agruras da vida, devido à sensação de confiança, força e coragem que a bebida desperta. Mas o uso de álcool não eclodiu a partir da errância, como muitos podem supor, pois os resultados da pesquisa indicam que a bebida já estava presente no período em que os sujeitos viviam com seus familiares, como veremos a seguir.

## Início do uso de álcool

Esta categoria procurou investigar em que idade os trecheiros experimentaram a bebida alcoólica pela primeira vez. Os relatos parecem apontar que o início para o uso do álcool está associado a diversos fatores sociais que interagem com o meio familiar no qual o sujeito está inserido, e parecem indicar também que as primeiras experiências em torno da bebida são realizadas com os pais ou um parente próximo, ou, ainda, na presença de amigos. De acordo com as entrevistas, parece que não há uma fase específica para o início do uso do álcool, podendo ocorrer, portanto, em qualquer uma das três fases essenciais do desenvolvimento do indivíduo, como ilustram as subcategorias seguintes:

*Infância*: o primeiro contato com o álcool na infância parece ocorrer, conforme salientado, no ambiente familiar, por influência, principalmente, do pai ou de um parente próximo; em geral, acontece por volta dos 10 anos de idade, nas festas da família ou no próprio cotidiano do sujeito.

> Eu era bem pequeno, tinha uns 11 anos, comecei tomar cachaça com açúcar, adoçava, e era gostoso, e a gente bebia... No início era com uma batidinha de limão, fica gostoso, né, e foi isso, né? Experimentei e foi aí que começou... foi dentro de casa mesmo, com meus pais, minha família quase todo mundo bebe, meus irmãos, só tem uma irmã que não bebe. (S11)

> Olha, o meu primeiro contato com o álcool foi com 10 anos de idade... eu me lembro, uma vez, que eu fui pra uma roça de amendoim, eu fui levar parece que almoço, eles tavam terminando aquela safra, eles distribuíam bebida pro pessoal que estava ali trabalhando. E aconteceu que nesse dia eu tava. Aí eu comecei bebendo cachaça com 10 anos de idade. Nessa época, eu bebia por acaso, né? Era criança e nem imaginava beber porque nunca tinha entrado dentro de bar. (S16)

*Adolescência*: as primeiras experiências com o álcool na adolescência parecem se iniciar nas relações com os amigos no trabalho ou nos bares e bailes. Os relatos parecem indicar, além disso, que o uso de álcool na adolescência pode estar relacionado com a necessidade do sujeito de mostrar sua virilidade e ser reconhecido como "homem" na presença de amigos:

Eu tinha uns 17 anos. Foi no primeiro serviço que trabalhei. Meu patrão era casado com minha prima, eu fui trabalhar de ajudante de pintor pra ele... Aí fazia aquela festa assim no final de semana depois que acabava o serviço, eu só tomava refrigerante e ele começava a me falar aquelas coisa: 'pô, você é um homem ou uma bicha?'. Aí no embalo você acaba tomando... e mostrando que cê também é macho... O primeiro gole foi com companheiro de serviço. Na minha família todo mundo bebe. Pai, tio, primo, todos gosta de tomar. (S4)

Uns 14 anos por aí. Comecei nos bailinhos de garagem, aquele sambinha coisa e tal, cada um levava uma coisa, os mais metido levava uma garrafa de vodca... festinha de colégio, essas coisas assim... Foi aí que comecei a ter as primeiras namoradas, gostava muito, meus colega me chamava de garanhão... Meu pai também bebia, batia na minha mãe, hoje é que ele tá mais calmo, idade vai chegando, a pessoa vai ficando fracassada, né? (S8)

*Vida adulta*: o início do uso de bebidas alcoólicas na vida adulta por parte de alguns sujeitos parece não diferir muito das fases anteriormente citadas. Os relatos dos trecheiros parecem indicar que as primeiras experiências com o álcool, nesta fase, ocorrem em diversos ambientes, por exemplo, nos bares após a jornada de trabalho, em bailes, festas de aniversário e rodas de amigos.

Meu primeiro contato com a bebida eu tava com 22 anos. Eu trabalhava numa fazenda, aí lá tinha colega e nós saía pra baile, então foi onde comecei a beber. Teve um tempo que eu tava afundado no alcoolismo... mas foi mais por influência de amigos mesmo, como te falei, trabalhava numa fazenda, então nós bebia antes de ir para os bailes, foi assim que começou... fazia aquele grupinho de colega pra passar o tempo. (S1)

Beber mesmo, só depois dos 22 anos. Meu primeiro contato com a bebida foi na casa de parente, foi em festinha, né? Só um golinho, só pra animar... um copo de cerveja, um copo de vinho. Meu tio é que oferecia pra mim... tinha dia que ele ia no boteco, me pagava uma dose de cachaça, um tira-gosto, uma lingüiça, um torresminho, então comecei a beber assim... depois fui se enturmando com uns colegas e tô nessa vida até hoje... (S6)

NOMADISMOS CONTEMPORÂNEOS **101**

As primeiras experiências ocorridas com o álcool entre os trecheiros, como pudemos observar, circundam em torno de seu universo microssocial, principalmente nas festas domiciliares ou nos pequenos eventos sociais na comunidade em que moravam. As influências para os primeiros goles incluem os pais ou os parentes próximos e parecem estar relacionadas, ao que tudo indica, com os próprios padrões culturais da sociedade machista que exige do homem uma postura de virilidade diante dos desafios cotidianos. Nesta cultura da masculinidade, os valores transmitidos às crianças envolvem critérios rígidos de comportamento e exigem uma certa anulação de sentimentos e até mesmo sofrimento, pois ensinam-se jargões do tipo "homem tem que ser durão", "homem que é macho bebe cachaça", "não leva desaforo pra casa", "homem não pode chorar" etc., mostrando, assim, que os valores dignos para a masculinidade levam em consideração a força e a rigidez do caráter (Bourdieu, 1999).

Na infância, uma das fases mais cruciais para o desenvolvimento do indivíduo, quando começam os primeiros processos de identificação e estruturação da personalidade, as influências familiares (pautadas por uma sociedade viril) parecem contribuir para o uso de álcool por parte da criança, que, ao assimilar tais eventos, pode identificar-se com eles e adquirir uma postura eminentemente alcoólica em suas relações futuras (Sonenreich, 1971; Jorge & Ferraz, 1981). Nesse caso, vale ressaltar que o objeto de identificação da criança, na maioria das vezes, é o próprio pai, que a leva em suas jornadas pelos bares das cercanias; assim, à medida que vai adquirindo "idade" suficiente, iniciam-se os primeiros contatos com a bebida. Neves (2004) exemplifica, claramente, como o bar é um dos principais *loci* da identificação masculina e extensão da própria personalidade ao considerar que em tal ambiente ocorre para o homem a celebração da honra e da virilidade perante os outros, na qual aspectos importantes em sua vida, como a volta para o lar e a relação com a esposa, são desconsiderados nesse contexto, pois submeter-se à tutela da mulher representa um ato desonroso para sua masculinidade.

As festas e os bailes domésticos representam também um outro grande incentivo ao consumo de bebidas alcoólicas, pela facilidade com que as "festas etílicas" se prestam a celebrações defensivas e maníacas de júbilo e vitória contra as adversidades vividas no cotidiano. Assim, as festas podem representar, para o senso comum, o momento da descontração, da alegria, da superação dos problemas, e o consumo de álcool a possibilidade de "sair do ar", se desligar das dificuldades travadas dia após dia. Portanto, o ambiente de infância pode ser um dos meios que podem facilitar as condutas alcoólicas do pequeno *enfant*, se se considera que esses ambientes são permeados pela cultura da masculinidade, pois neles parece que o mais importante é a demonstração pública dos valores marcados pelo machismo, na qual o álcool é apenas um efeito colateral visível da trama de superioridade e poder masculino adquirida do modelo patriarcal.

O uso do álcool na adolescência, embora praticado prioritariamente no círculo de amigos, parece confirmar a hipótese da cultura da virilidade, pois os relatos indicam, assertivamente, que o ato de beber vincula-se à necessidade de provar a masculinidade. Essa constatação pode ser claramente verificada quando os trecheiros declaram frases do tipo: "... pô, você é um homem ou uma bicha?...no embalo você acaba tomando... e mostrando que cê também é macho...", "... meus colega me chamava de garanhão..." etc. Bourdieu (1999) exemplifica bem essa constatação ao assinalar que "... como a honra ... a virilidade tem que ser validada pelos outros homens, em sua verdade de violência real ou potencial, e atestada pelo reconhecimento de fazer parte de um grupo de verdadeiros homens" (p.65). O consumo de bebidas alcoólicas na adolescência parece representar, também, uma certa sensação de "liberdade" e "independência" em relação ao próprio meio familiar, pois a suposta consolidação da masculinidade nesse período permite ao sujeito se aventurar rumo às primeiras conquistas amorosas, às primeiras frustrações, aos primeiros porres etc., permitindo assim a entrada na vida adulta como um senhor dono de si.

No entanto, alguns sujeitos nos relataram que as primeiras experiências em torno da bebida se desenvolveram exclusivamente na idade adulta, ou seja, num período em que a formação da identidade, supõe-se, já está consolidada e enraizada na personalidade. Nesse caso, pode a cultura da masculinidade interagir para o início do uso de álcool na vida adulta do sujeito? A resposta, embora permita uma asserção positiva, deve ser ponderada, considerando que na fase adulta outros fatores podem estar interatuando para o consumo moderado ou mesmo excessivo da bebida, como, por exemplo, desemprego prolongado, problemas afetivos, familiares etc. (Braga, 1977; Jorge & Ferraz, 1981; Bertolote, 1997; Vaillant, 1999; Nascimento & Justo, 2000).

Por outro lado, os relatos associados ao início do uso do álcool na vida adulta não se distanciam dos fatores acima discutidos no que se refere ao meio pelo qual se estabelece o primeiro contato com a bebida, pois a maioria atribui o início do uso a influências dos amigos, da família e das eventuais comemorações festivas em casa ou no trabalho. O consumo de bebidas alcoólicas já se enraizou profundamente no imaginário social, e faz parte efetiva de qualquer celebração popular, haja vista que os próprios meios de comunicação desenvolvem campanhas de *marketing* altamente sofisticadas em que se priorizam as possíveis satisfações que a bebida pode oferecer: felicidade, conquistas de mulheres, prazeres, lazer etc. Nesse aspecto, a bebida alcoólica se infiltra nas mais diversificadas redes de sociabilidade e assume uma característica marcadamente cultural, em que os desvios e excessos ficam em segundo plano em nome da exaltação efêmera que ela própria produz.

Portanto, não é a errância que determina o uso de álcool, pois este tem sua origem nas primeiras fases do desenvolvimento da personalidade do sujeito num contexto familiar e cultural que o predispõe a usar a bebida como afirmação de si e de sua masculinidade no grupo social no qual está inserido. No trecho, o uso de álcool é apenas potencializado pelo sujeito devido às condições precárias e adversas em que se encontra, decorrentes de um complexo conjunto de fatores históricos, sociais e políticos que modelam a realidade contemporânea.

## O álcool no cotidiano

Esta categoria procurou investigar como é estabelecido o uso de álcool pelos trecheiros e o acesso à bebida no cotidiano da estrada. O uso individual parece ser predominante na maioria dos casos, embora alguns prefiram compartilhar a bebida com outros na mesma situação. De qualquer forma, o álcool parece estar presente em quase todos os acontecimentos do dia-a-dia dos sujeitos e pode atuar, em ambos os casos, como um anestésico para enfrentar as dificuldades nessa condição de vida. A análise desta categoria possibilitou dividi-la em três subcategorias:

*Socialização*: a socialização da bebida alcoólica também está presente na vida de alguns trecheiros. Os relatos parecem indicar que, nesse caso, beber na companhia do outro na mesma situação possibilita quebrar o silêncio provocado pela solidão, além de colher algumas informações de trabalhos temporários através do uso compartilhado da bebida.

> A gente que anda no trecho, a gente conhece o outro... às vezes a gente encontra as pessoas que topamos em outro lugar, aí se reúne, toma uma e cada um vai pro seu lado... sem discussão. Se tiver numa cidade e tiver tomando, acabou a pinga, então um pede dinheiro e vai comprar mais... tem uns que até te indica um lugar melhor pra fazê uns bico... por isso eu prefiro beber só quando encontro outro colega de trecho, porque sozinho é ruim e não tem ninguém pra conversar. (S8)

> No trecho aí, alguém sempre carrega pinga, se um comprar uma garrafa de pinga, todo mundo toma na roda... e aí cê fica sabendo de lugar que tá bom de serviço, essas coisas... Eu já bebi em bando e passei meio mal do estômago... eu prefiro beber em bando porque cê pode conversar e desabafar e se acontecer alguma coisa com a gente o colega pode te ajudar, né? (S11)

*Individualização*: embora alguns trecheiros prefiram socializar a bebida com o outro, a grande maioria, porém, tem uma preferência individual pelo uso do álcool na estrada. A opção pelo uso individual está relacionada, sobretudo, ao não-envolvimento em brigas e confusões que a bebida pode ocasionar, e que incluem desde os pequenos roubos por parte de outros trecheiros até a impossibilidade de arrumar um trabalho temporário:

Hoje eu prefiro tomar sozinho porque em grupo, quando cê tá ali tomando com eles, é bom, só que depois dá muita confusão, sai briga, um já acha que cê tá querendo ser melhor que ele, então isso pode até sair morte... Então eu cheguei numa conclusão que a pessoa pra andar no trecho, ela tem que andar sozinha porque é mais fácil ela arrumar um emprego... Se ele tiver em dois ou em três, aí a pessoa vai ter emprego pra um, então nenhum consegue. A experiência que eu tive é que sozinho é melhor. (S1)

O trecheiro... gosta mais de vê o mal do outro também, então é por isso que não beiro esse pessoal. Já passo direto... Nesses seis anos que vivo na estrada, nenhuma polícia relou a mão em mim... gosto de tomar uma pinguinha sozinho, não tem confusão nem nada! (S14)

*Aquisição da bebida*: a aquisição da bebida no trecho não oferece muitas dificuldades para os trecheiros, porque ora pedem dinheiro para outras pessoas quando chegam em determinada cidade, ora compram com a paga de eventuais trabalhos temporários na estrada, ora, ainda, alguém oferece sem qualquer ônus.

No trecho só se arrumar um bico ou quando algum trecheiro tiver passando e te oferecer... Na cidade é mais fácil. A gente chega e pede pras pessoas uns trocadinho... tem vez que a gente tá sentado num banco, a própria pessoa passa e te joga uma moeda, acha que cê é vagabundo, mendigo, aí a gente compra um litro e sai pra estrada. (S10)

Olha, eu vou falar a verdade procê: um prato de comida é difícil uma pessoa oferecer, mas bebida... sempre tem uns que oferece... Tem muitos cara que pedem dinheiro e bebe o dia inteiro. No trecho, o que mais bebe é cachaça mesmo, é mais é pinguinha mesmo... nunca tive dificuldade de arrumar, esses dias aí um caminhoneiro me deu um garrafão de cinco litro lá num Posto perto de Agudos [SP]. (S14)

Como se pode ver nos exemplos acima, o álcool parece fazer parte integral do cotidiano dos trecheiros aos quais se refere esta análise, seja no uso socializado, seja no uso individual, pois as adversidades são tantas que a impressão é que o trecho se torna mais difícil de enfrentar sem a presença da bebida. Nesse contexto, o uso compartilhado do álcool parece propiciar o rompimento monótono da solidão, impulsionando o sujeito a compartilhar suas queixas e seus infortúnios com o outro na mesma situação, possibilitando, assim, amenizar as turbulências conflituosas do passado e os sofrimentos vividos no presente.

O uso compartilhado do álcool parece indicar também que a socialização da bebida pode estar relacionada com a preocupação que o trecheiro tem de se precaver dos possíveis transtornos que ela pode causar para a sua saúde. Nesse caso, a organização em torno da bebida tende a ser eventual e somente na presença do outro que pode socorrê-lo em caso de extrema embriaguez, além de atuar como um instrumento de contato e intercâmbio de informações, ou seja, o álcool pode funcionar nessas microrrelações sociais como um ritual para descobrir novas direções de rotas a percorrer em busca do trabalho temporário que permite manter a sobrevivência no trecho.

Embora vivenciem a solidão como companheira inseparável, a necessidade de beber em grupo parece fortalecer a idéia de que falar de si mesmo, compartilhar os mesmos problemas e os mesmos percalços permite expurgar as angústias absorvidas numa realidade radicalmente filamentosa, onde tudo é segmentado, volátil e se "desmancha no ar". Nesse caso, poder-se-ia considerar que a bebida alcoólica e o trecheiro representam o paradigma do homem contemporâneo, sem raízes, sem convicções solidificadas no pensamento, em que tudo é absorto, breve, temporário e inesperado, tal como assinala Berman (1986), o que dá margem ao surgimento de uma transitoriedade pelos *não-lugares* onde a velocidade dos acontecimentos implode as certezas que um dia delinearam a estabilidade e a fixação do indivíduo (Augé, 1994).

Entretanto, como o álcool se insere neste contexto de extrema penúria? Se consideramos que este *não-lugar* favorece o surgimento de um *individu souffreur* pelo próprio caráter de desenraizamento, o álcool pode representar a possibilidade momentânea de refúgio do inesperado, numa tentativa ilusória de reintegração da identidade, dando idéia, aqui, de que estar inserido num território flutuante pro-

NOMADISMOS CONTEMPORÂNEOS **107**

picia o sentimento de mal-estar suscitado pelos modos de subjetivação da atualidade pautados pelo narcisismo e pela performance do eu (Lasch, 1983; Ehrenberg, 1995; Birman, 2000). Assim, a necessidade de se agrupar para beber pode funcionar, nesses casos, como uma forma de deslocar-se das preocupações rotineiras de subsistência para adentrar num mundo totalmente rarefeito que possibilita a expansão de si e esvaece as impressões típicas do cotidiano, como as preocupações exacerbadas pela busca de trabalho, os filhos que ficaram para trás, a traição da mulher e tantas outras.

Todavia, os relatos também indicam que determinados trecheiros se recusam a utilizar a bebida alcoólica na presença de outrem e preferem o uso individualizado em qualquer circunstância, sendo a solidão sua única companheira no trecho. Essa opção por andar sozinho e ser individual diz respeito, principalmente, às desconfianças geradas pela presença do outro como ameaçadora, devido aos conflitos e confusões que o sujeito já experienciou em algum momento no trecho em virtude do uso abusivo da bebida.

Impregnados de solidão e desprovidos de contatos afetivos mais amplos, esses sujeitos passam a impressão de que para eles a relação humana só é possível em casos de extrema necessidade ou quando encontram na estrada alguém que julgam digno de confiança. Nesse sentido, parece que o contato com o outro, via de regra, é visto como ameaçador em razão de seu sentimento de inferioridade ser nutrido por um certo caráter "persecutório" em suas vivências passadas, nas quais, possivelmente, sofreu algum tipo de frustração ou desamparo doloroso, como ressalta Alonso-Fernández (1991).

Embora os dados das entrevistas não permitam afirmar que tamanha tragédia de persecutoriedade possa ter ocorrido com o trecheiro, é possível pelo menos considerar que as frustrações com o mundo sedentário estão indissociavelmente presentes em sua vida. Subjugado pela ditadura do asfalto, onde o andar compassado desloca o sujeito para lugares e situações inesperados e imprevisíveis, a única alternativa que resta ao trecheiro para suportar tanto sofrimento parece ser a recorrência ao álcool. O consumo de bebida parece representar, ainda, a possibilidade de refugiar-se da realidade, devido

## 108 EURÍPEDES COSTA DO NASCIMENTO

a uma baixa tolerância às frustrações, potencializada, talvez, pelo desemprego prolongado e pela desqualificação de sua mão-de-obra no competitivo mundo do trabalho, ou ainda pela infidelidade da mulher, conforme já discutido em categorias anteriores. A aquisição da bebida parece não ser o maior problema para eles, pois a maioria pede algum dinheiro para manter consigo seu uso efetivo. Vale ressaltar aqui uma contradição encontrada nos relatos dos trecheiros que afirmaram sentir-se envergonhados para pedir comida: o mesmo não acontece com a bebida alcoólica. Nesse caso, o que poderia ser especulado é que a dependência do álcool é tão grande que ela vence o constrangimento de ter que pedir, pois parece que a bebida é mais importante que a comida, e com poucas moedas, por exemplo, pode-se comprar a cachaça, já que o álcool tem uma representação de virilidade, e o ato de pedir comida, visto como humilhante, foge a essa representação da capacidade de manter-se.

Contudo, diante de tantas adversidades, a bebida alcoólica parece ser uma das soluções possíveis que os trecheiros encontram para reparar tanto sofrimento, "escapar" da dura realidade que os cerca e esquivar-se de suas sensações de aniquilamento diante do mundo (Ehrenberg, 1995; Castel, 1998; Birman, 2000). O consumo abusivo dessa substância parece se inscrever nesse cenário como uma promessa de não-confronto com o desamparo, principalmente quando esses sujeitos são impulsionados para a desfiliação social, ficando desprovidos de qualquer referência no espaço social e psicológico. Seja como for, o fato é que as adversidades e os perigos tortuosos na estrada não dão alternativas para os trecheiros, que, mergulhados nos corredores da errância, seguem o curso da vida sem rota definida ou ponto de chegada, e fazem do álcool sua estratégia de sobrevivência em meio às circunstâncias inusitadas com que se deparam a cada momento e em cada curva na estrada.

### Perspectivas de vida

Esta categoria procurou investigar quais eram as perspectivas de vida dos trecheiros referentes a emprego, uso do álcool e contatos

NOMADISMOS CONTEMPORÂNEOS **109**

familiares. Apesar de todas as adversidades vivenciadas no trecho, muitos trecheiros se dizem esperançosos quanto a projetos futuros e fazem planos para abandonar a errância, o álcool e reatar laços com os filhos que ainda lhes são caros. Vejamos alguns exemplos:

*Sedentarismo*: os relatos parecem indicar que os trecheiros em sua maioria têm o desejo de retornar ao sedentarismo e até construir nova família, caso consigam encontrar algum tipo de emprego fixo, como ilustram os seguintes exemplos:

> Eu queria trabalhar e comprar um caminhão, ser caminhoneiro. Isso sempre foi um sonho meu desde pequeno. Comprar um caminhão e sair aí viajando, ter uma vida melhor, mais limpa, mais tranqüila... A vida de trecho é ruim, meu. Já fui humilhado e já tá na hora de parar mesmo. Se eu conseguir um trabalho pra ganhar nem que seja pouco mesmo, eu penso em parar com essa vida de trecheiro, arrumar mulher pra morar, voltar a ser gente de novo.... (S2)

> O principal sonho meu é ser uma pessoa normal, que nem as outras, entendeu? As pessoa luta com a vida delas, seguem um rumo, por mais dificuldades que elas passam, elas conseguem se estabilizar... meu sonho é ter um trabalho, tenho muita vontade de voltar a estudar, tenho vontade de aprender informática... eu queria encontrar alguém que goste de mim como eu sou, da minha maneira de ser, não pelo que tenho e nem pela posição se um dia tiver. (S7)

*Abandono do álcool*: o desejo de abandonar o uso do álcool aparece em quase todos os relatos dos trecheiros. A asserção de abandono declarado da bebida parece estar relacionada, em alguns casos, a certas representações que o uso prolongado pode ocasionar, como a morte, por exemplo. Em outros casos, o abandono do álcool pode estar associado a certo julgamento moral pautado pela masculinidade, conforme podemos verificar nos seguintes exemplos:

> Eu tenho vontade de parar definitivo... porque se eu continuar assim eu tô morto logo... o cara tem que ter vergonha na cara, ser homem, honrar a palavra, então se arrumar um serviço, penso em parar e tocar a vida até Deus chamar, né?... Às vezes a pessoa acha que a bebida é a solução pra tudo e ela não resolve problema nenhum. (S1)

Rapaz, é eu mesmo parar com esse negócio de tomar pinga, andar mais arrumado, conversar com as pessoas boa, sem aquele bafo de pinga, arrumar um serviço, é isso que eu quero pra mim. Muitos fala que pára, mas não pára nada, a pessoa tem que ter opinião porque sem isso acho que é difícil parar. Se eu te falar que vou parar, eu paro, eu sou macho, eu sou de opinião, entendeu? O que falta pra mim é serviço, assim que arrumar um serviço, eu paro, paro mesmo! (S6)

*Contatos filiais*: após longas vivências na condição de errantes, a maioria dos trecheiros nos relata que prefere manter contatos futuros apenas com os filhos. Para alguns, o contato familiar parece significar o retorno a um passado doloroso marcado por conflitos e desentendimentos. Outros, devido à morte dos pais e sem filhos, preferem seguir suas vidas sem encontrar os parentes mais próximos.

A coisa que eu mais quero é ter contatos com meus filhos. Família fica no passado, não tem retorno... Agora filho é importante, rapaz! Um pai sem o filho é como um caminhão sem os pneu, fica abandonado num canto. Meus filhos é a roda da minha vida, sem eles não sei o que seria de mim. (S4)

Quero manter contato só com meus filhos, o resto já se foi todos, pai, mãe... então só os meus filhos que quero ter contato, a minha mulher que se dane com a vida dela... (S5)

As perspectivas de vida apresentadas pelos trecheiros neste último tópico de análise parecem demonstrar claramente os significados da errância e do trecho na contemporaneidade. Podemos constatar, nesta categoria, que a maior parte dos trecheiros parece não aceitar sua atual condição de vida e traça planos efêmeros e inconsistentes para escapar das peripécias da estrada. O sonho de retornar ao sedentarismo, abandonar o uso do álcool e reatar os laços com os filhos parece estar fortemente arraigado em sua personalidade, apesar de todas as frustrações sofridas no âmbito familiar – desentendimento com o pai e os irmãos e infidelidade da mulher.

A vida sedentária é percebida pela maioria como uma vida ainda possível, desde que consideradas todas as ponderações referentes ao

NOMADISMOS CONTEMPORÂNEOS **111**

espaço microssocial vivido antes do processo de desfiliação. Nas narrativas relacionadas ao sedentarismo também podemos observar que o trabalho ainda representa o principal obstáculo a ser transposto, pois é a partir dele que o sujeito constrói sua identidade e se projeta para o mundo.

Entretanto, a realidade na qual estão inseridos parece não condizer com tamanha idealização, já que pela própria condição atual do mundo globalizado, que exige um sujeito cada vez mais autônomo, independente, flexível e dono de si, as atividades de trabalho desenvolvidas por eles não correspondem às expectativas e exigências do mercado, nem às flutuações da demanda. Nesse sentido, parece que o desejo de retornar ao sedentarismo pode ser apenas uma forma que o sujeito encontra para atenuar os emaranhamentos da vida, se não de uma forma efetiva e ininterrupta, pelo menos nos curtos espaços de tempo quando utilizam a bebida alcoólica e nas eventuais conversas estabelecidas na estrada ou, ainda, quando concediam as entrevistas.

Deste modo, a busca irrefreável pelo trabalho pouco a pouco vai perdendo força e, à medida que passam os anos, parece condicionar o trecheiro a fantasiar apenas as possibilidades de sair dessa condição, sem que, no entanto, crie alternativas concretas de efetivá-las, fazendo-nos lembrar do *mito de Sísifo*, rolando a enorme pedra montanha acima, que sempre volta a descer encosta abaixo no momento de atingir o cume, porque é impossível encaixá-la num lugar fixo, estável e seguro (Castel, 1998). Assim, o trecheiro (diferentemente do andarilho de estrada que rompeu radicalmente com os nichos de fixação social e não alimenta sonhos de retornar ao sedentarismo) parece manter um certo resquício de ligação com o passado, que incide sobre seu senso de direcionalidade presente, no sentido de criar estratégias, mesmo que ilusórias, para resgatar a vida de antes em detrimento da atual.

Entretanto, mesmo considerando esse desejo de ultrapassar a própria condição dada de sua existência, os relatos parecem indicar uma certa dispersão nas informações, pois, embora esbocem planos rudimentares para sair da errância – por exemplo "... trabalhar e

112 EURÍPEDES COSTA DO NASCIMENTO

comprar caminhão...", "... vontade de aprender informática..." etc.
–, a estratégia para alcançar tal finalidade não é apresentada com clareza no interior das narrativas. Assim, os relatos nos dão a impressão de que o passado e o futuro se aniquilam no presente constituído por uma força centrífuga, imponderável e abrupta que rompe com a idéia de continuidade histórica, tornando as coisas menos precisas em sentido e direção. Snow & Anderson (1998) nos dão uma clara explicação sobre a temporalidade nesses sujeitos:

> Da mesma maneira que o passado e o presente se tornam desvinculados, também a relação do presente com o futuro perde continuidade e claridade. Há um desejo, por outro lado, de atar o futuro ao passado através da fuga da vida na rua. Por outro lado, modos planejados de sair da rua tendem a ser cada vez menos claros, e há uma tendência a se cair num estado de lassidão, deixando os dias passarem sem se tomar qualquer atitude. (p.94)

Poderíamos assim conjeturar que a errância representa o paradoxo radical da contemporaneidade, pois, se consideramos que os modos de ser do homem atual são calcados nos valores da cultura do narcisismo que elege a performance do eu na teatralidade do mundo, nada resta para o trecheiro a não ser sua própria individualidade negativa, despojada de vínculos e acesso às redes de sociabilidade. Como então pensar em estratégias efetivas para sair dessa condição extremada e radical de adversidades para uma vida pautada pelos valores da performance se o sujeito não dispõe de recursos mínimos para competir, em termos de igualdade, com as pessoas mais capacitadas?

Nessas circunstâncias, para o trecheiro há muito pouco a ser feito para alcançar seus projetos futuros, pois a realidade que despreza e banaliza os fracassados se apresenta como hostil a suas intenções sedentárias, abalizando, assim, os meios de pertencimento de cada um na hierarquia social. É nesse sentido que a errância rompe com a idéia de espaço e tempo cronológicos e introduz uma realidade imprevisível na qual não existem ancoragens, condensações e muito menos certezas, impossibilitando, assim, o trecheiro de concretizar

NOMADISMOS CONTEMPORÂNEOS **113**

suas idealizações, já que o passado e o futuro se aniquilam no presente devido às condições dadas na atualidade. Portanto, o tempo errático é o tempo da incerteza e da contingência acentuada em que o presente prevalece sobre o passado e o futuro, eliminando, assim, para o sujeito quaisquer perspectivas de assentamentos sociogeográficos e tornando suas manobras cotidianas desprendidas das condições típicas que emolduram o mundo contemporâneo.

Quanto ao abandono do uso do álcool, poderíamos considerar as mesmas observações apresentadas acima como maneira de confirmar a questão da temporalidade na errância. Alonso-Fernández (1991) é quem nos indica como a bebida alcoólica aniquila as imagens de passado e futuro no presente anônimo e passivo do sujeito. Segundo o autor, o sujeito que se encontra imerso no uso do álcool parece estar ligado a um presente desolador, em virtude de o passado ser demasiadamente sombrio e por não dispor de aspirações realizáveis para dirigir-se ao futuro e criar o porvir próprio. Nesse caso,

> Seu passado exala solidão afetiva, frustrações, desenganos e fracassos. Por isso, o *alcoolmano*[4] foge das experiências passadas e não está disposto a assumi-las... Em conseqüência, o futuro deixa de interessar-lhe quando não existe, ao mesmo tempo, desejo de outra coisa e a consciência da possibilidade de realizá-lo... Não se trata do autêntico presente produto de minha decisão de fazer-me presente... mas em sua subordinação a ação subjugadora da situação presente. (Alonso-Fernández, 1991, p.24)

Deste modo, apesar de o sujeito manifestar interesse em abandonar o consumo de álcool, os relatos não parecem apresentar de maneira clara e concisa como efetivar essa finalidade; ele protela tal meta, deixada para somente quando encontrar trabalho fixo para se estabilizar e (re)criar raízes. Nesse caso, a fantasia pode se apresentar como fonte de satisfação, assim como possível frustração das aspirações intelectuais, pois, situado nessa condição de extrema pre-

---

4 Neologismo em língua espanhola, semelhante a alcoolista, segundo a tradução de Luisa M. N. Terroni.

114 EURÍPEDES COSTA DO NASCIMENTO

cariedade socioeconômica e afetiva e não dispondo de recursos pessoais para transpor os obstáculos da vida, o sujeito se entrega ao presente como se o futuro fosse algo impossível para a concretização de seus ideais, ou seja, mesmo que ele deseje modificá-lo, *hic et nunc*, está convencido de que esse desejo é irrealizável, porque o amanhã lhe reserva pouco que seja diferente de hoje (Alonso-Fernández, 1991; Snow & Anderson, 1998).

Poderíamos assim conjeturar também que o trecheiro utiliza "narrativas fictícias" caracterizadas por histórias fabulosas que vão "... de pequenos exageros da experiência a invencionices plenamente desenvolvidas" (Snow & Anderson, 1998, p.358). Geralmente, trata-se de fantasias verbais organizadas em torno de emprego, dinheiro, bens materiais e mulheres, que representam o ideal do homem bem-sucedido no imaginário da cultura do narcisismo.

Essas invencionices colocam o narrador em situações emolduradas positivamente que parecem muito distantes de, se é que apresentam qualquer ligação com, seu passado e presente. Essas invencionices são quase sempre benignas... e variam de devaneios imaginários envolvendo pouco auto-engano a histórias fantásticas nas quais o narrador parece ser iludido por suas construções. (ibidem, 1998, p.360)

No que se refere aos contatos com os filhos, a maioria dos relatos parece indicar que, devido aos infortúnios colhidos ao longo da vida e às experiências dolorosas que viveram, nenhum trecheiro pretende se reaproximar dos familiares, salvo as exceções concedidas aos filhos. Nos demais aspectos, contatos familiares estão descartados pela maioria, e isso se deve, talvez, ao fato de esses sujeitos verem seus familiares mais como um fardo do que como fonte de auxílio e apoio.

Seja como for, o que parece inquietar mais os trecheiros é a preocupação com os filhos deixados para trás, frutos de casamentos naufragados pela imposição impiedosa do capitalismo, da globalização e do individualismo sem fronteiras. Nessas condições, os filhos parecem exercer aqui uma dupla função na vida desses indivíduos: funcionam como um elemento capaz de empurrá-los para enfrentar as adversidades na estrada e podem servir, também, como um lenitivo capaz de fixar suas fantasias cindidas pela provisoriedade, pela incerteza, pela escassez e pela insegurança aprofundadas em sua condição de vida.

Portanto, ao trecheiro nada resta a não ser equilibrar-se nas tênues e escassas oportunidades que eventualmente cruzam sua trajetória, num dilema que não escolheram. Nossas observações indicam que o mundo social dos errantes se constitui por um tempo e um espaço permeados por um senso de onipresença e incerteza, em que não há garantias de que o que facilitou sua sobrevivência hoje funcionará amanhã. Mas, em meio às incertezas hoje tão numerosas, pelo menos uma coisa é clara: "... seu corpo é seu único bem e seu único vínculo, que ele trabalha, faz gozar e destrói numa explosão de individualismo absoluto" (Castel, 1998, p.603).

# 5
## COMENTÁRIOS FINAIS

A errância na contemporaneidade configura-se como um fenômeno complexo que abarca os planos social, político, econômico, cultural e psicológico. A globalização, a flexibilização do trabalho, a informatização e a automação da produção, a substituição da sociedade industrial pela de serviços, a virtualização da realidade, o individualismo e o narcisismo como cerne do sujeito da atualidade, a valorização do movimento, do ritmo acelerado da vida e a expansão do espaço habitado podem ser tomados como condições da contemporaneidade que favorecem para alguns indivíduos a ruptura com a vida sedentária e sua substituição por uma vida mais nômade.

Impossibilitado de pertencer a essa ordem social na qual predomina a cultura do narcisismo e do espetáculo, onde o indivíduo se apresenta como um ser dono de si e responsável por suas conquistas e seus fracassos pessoais, o trecheiro é enquadrado como um ser absolutamente desfiliado que só pertence a si mesmo, por não se inserir em coletivo algum. Marcada por conflitos de toda natureza, seja no núcleo familiar, seja nas relações sociais, a errância parece representar para os trecheiros a última alternativa que lhes resta para não sucumbir num sedentarismo que os aprisiona à miséria, à exploração extrema, à dominação absoluta, à frustração e ao sofrimento.

O espaço social contemporâneo se apresenta ainda como um lugar completamente rarefeito, em que a abreviação dos relacionamentos, a flutuação da identidade, as incertezas e a provisoriedade não permitem ao indivíduo traçar planos futuros em relação ao sentido e à direcionalidade de sua vida. Nessas condições, o indivíduo é impulsionado a pôr-se em movimento, a competir com os outros em condições de desigualdade, o que desloca a noção de desejo como construção histórica de si em face da realidade para uma relação pautada, exclusivamente, pela imagem e pela encenação de si como meios de obtenção de reconhecimento e poder. Ou seja, na exaltação de uma *mise-en-scène* individual, o desejo não é mais expressão da presença do sujeito na relação com o outro, e sim uma construção política na qual o que importa é a estetização do eu.

Desse modo, pode-se conjeturar a existência de uma estreita vinculação entre a cultura do narcisismo e a errância, pois ambas apresentam a individualidade como marca registrada do sujeito no mundo. No caso da *cultura do narcisismo*, trata-se de uma *individualidade positiva*, porque o sujeito se apresenta como um ser absolutamente vitorioso no espaço social onde os apetrechos e as insígnias lhe dão *status* e garantias sociais. No caso da *errância*, trata-se de uma *individualidade negativa*, porque o sujeito se apresenta como um ser completamente despossuído de bens que lhe assegurem um mínimo de pertencimento a uma coletividade social. Em ambos os casos, porém, é imputada ao sujeito a responsabilidade por sua condição *stricto sensu*, seja ela apresentada como reflexo das desigualdades sociais, seja como conseqüência do fracasso de inserção no espaço comandado pela economia global.

Os resultados desta investigação com os trecheiros possibilitam considerar que a falta de um trabalho fixo e a pobreza são acontecimentos centrais na desmantelação do espaço social sedentário e na impulsão para a errância. A busca pelo trabalho parece representar para esses sujeitos a única alternativa de (re)conquistarem sua cidadania, serem reconhecidos como trabalhadores e se desfazerem da condição de errantes. A experiência da mendicância, em casos extremos, é percebida por eles como um ato extremamente humilhante que desonra sua reputação de trabalhadores desempregados. O sentimento de desonra e inferioridade nos trecheiros é potencializado pela cultura da masculinidade, em que os valores da tradição machista atribuem os fracassos do sujeito à sua falta de força, coragem e determinação para vencer as dificuldades e os desafios, impondo-lhe, ainda, o apodo de "vagabundo" e o sentimento de pudor e vergonha por sua submissão à ajuda filantrópica.

O uso de bebidas alcoólicas aparece nas narrativas dos trecheiros ligado à demonstração de virilidade, desde a infância, e como um sedativo para o sofrimento psíquico, associado, em grande parte, aos conflitos familiares. No trecho, os motivos para o uso do álcool são atribuídos pelos próprios trecheiros à necessidade de esquecer problemas do passado (principalmente problemas afetivos atribuídos à infidelidade da mulher) e conquistar maior encorajamento diante das condições precárias e adversas em que vivem no presente. O passado promissor que a maioria dos sujeitos traz enxertado em registros mnêmicos de conquistas e posses, como, por exemplo, emprego, habitação e família, parece ser um peso insuportável a carregar no presente, instigando o consumo do álcool como um mecanismo de defesa e fuga diante das frustrações vividas na realidade do trecho.

A importância conferida à mulher na vida do sujeito parece elevá-la à condição de símbolo maior ou condensação de sua tragédia psicossocial. A traição da mulher aparece nas narrativas do sujeito como um dos principais acontecimentos ocorridos na vida, dando a impressão de ter sido o episódio mais importante em relação a outros também associados à sua desfiliação, como a pobreza, o desemprego e a ausência de moradia.

O conjunto dos resultados dessa pesquisa permite considerar que existe uma interligação entre o desemprego, a falta de apoio familiar, a infidelidade, o uso de álcool e a vida errante. Muitos dos trecheiros estão nessa condição de vida porque não têm nenhuma rede de apoio familiar viável à qual recorrer quando são vitimados por algum infortúnio – como a falta de emprego, potencializada pela desqualificação profissional diante do requintado especialismo e produtivismo do mercado de trabalho. Sem condições de arcar minimamente com os encargos sedentários, os desentendimentos com a mulher também participam como fator de irrupção para a errância – nesse cenário, o uso do álcool aparece como uma maneira de apaziguar os conflitos decorrentes das frustrações e dos sofrimentos aos quais estão submetidos.

Quanto às perspectivas de vida, em sua maioria eles parecem idealizar o retorno ao sedentarismo, o abandono do álcool e o reatamento de alguns laços que ainda lhes são caros, como aqueles com os filhos, mesmo que não visualizem claramente as estratégias para alcançar tais miragens. Em função de longos anos na errância, esses sujeitos parecem viver estagnados no presente anônimo no qual o passado e o futuro se esvaecem pela própria pujança da efemeridade que modela e condiciona o mundo contemporâneo. Vivem o *não-lugar*, o trânsito ou espaços completamente voláteis, flutuantes, imprevisíveis e desenraizados, o que inviabiliza, portanto, qualquer projeto ou planejamento de um rumo a ser seguido na vida.

Enfim, impedido ou impossibilitado de arcar com o ônus de uma vida sedentária e com filiações que assegurem possibilidades de encenações narcísicas de seu "eu", resta ao *trecheiro* a vivência do *narcisismo negativo* na errância, onde o uso abusivo de bebidas alcoólicas parece ser o principal aliado na construção de uma tecnologia de si que garante a manutenção da própria sobrevivência por meio de um estilo de vida altamente dispersivo, mediado pelo desenraizamento sociogeográfico que delineia o mundo contemporâneo.

# REFERÊNCIAS BIBLIOGRÁFICAS

ALONSO-FERNÁNDEZ, F. A personalidade prealcoólica. *Temas*, São Paulo, v.21, n.40-1, p.19-30, 1991.

ARENDT, H. *A condição humana*. Rio de Janeiro: Forense Universitária, 1989.

AUGÉ, M. *Não-lugares*: introdução a uma antropologia da supermodernidade. Campinas: Papirus, 1994.

BARDIN, L. *Análise de conteúdo*. Lisboa: Edições 70, 1979.

BAUMAN, Z. *O mal-estar na pós-modernidade*. Rio de Janeiro: Zahar, 1998.

BERMAN, M. *Tudo que é sólido desmancha no ar*. São Paulo: Companhia das Letras, 1986.

BERTOLOTE, J. M. Problemas sociais relacionados ao consumo de álcool. In: RAMOS, S. P., BERTOLOTE, J. M. (Orgs.). *Alcoolismo hoje*. Porto Alegre: Artes Médicas, 1997. p.131-8.

BIRMAN, J. *O mal-estar na atualidade*. Rio de Janeiro: Civilização Brasileira, 2000.

BOURDIEU, P. *A dominação masculina*. Rio de Janeiro: Bertrand Brasil, 1999.

BRAGA, M. C. *Caracterização de um grupo de alcoólicos na área da mendicância*. Rio de Janeiro, 1977. Dissertação (Mestrado) – Pontifícia Universidade Católica.

# 122 EURÍPEDES COSTA DO NASCIMENTO

BRASIL. MINISTÉRIO DA SAÚDE. *Resolução nº 196/96 sobre pesquisas envolvendo seres humanos*. Brasília: Conselho Nacional de Saúde, 1996.

BROGNOLI, F. F. Trecheiros e pardais: trajetórias nômades. *Travessia*, n.27, p.29-32, 1997.

CALLIGARIS, C. A psicanálise e o sujeito colonial. In: SOUZA, E. L. A. (Org.). *Psicanálise e colonização*: leituras do sintoma social no Brasil. Porto Alegre: Artes e Ofícios, 1999. p.11-23.

CASTEL, R. Da indigência à exclusão, a desfiliação. In: LANCETTI, A. (Org.). *Saúdeloucura 4*. São Paulo: Hucitec, 1994. p.21-48.

_____. *As metamorfoses da questão social*. Petrópolis: Vozes, 1998.

CHIZZOTTI, A. *Pesquisa em ciências humanas e sociais*. São Paulo: Cortez, 1991.

DEBORD, G. *A sociedade do espetáculo*. Lisboa: Mobilis in Móbile, 1991.

DEJOURS, C. *A banalização da injustiça social*. São Paulo: Fundação Getúlio Vargas, 1999.

DREYFUS, H., RABINOW, P. *Michel Foucault, uma trajetória filosófica*. Rio de Janeiro: Forense Universitária, 1995.

DUPAS, G. *Economia global e exclusão social*. São Paulo: Paz e Terra, 1999.

EHRENBERG, A. *Le culte de la performance*. Paris: Calmann-Lèvy, 1991.

_____. *L´individu incertain*. Paris: Calmann-Lèvy, 1995.

FOUCAULT, M. *Vigiar e punir*. Petrópolis: Vozes, 1984.

GIDDENS, A. *As conseqüências da modernidade*. São Paulo: Editora UNESP, 1991.

JORGE, M. R., FERRAZ, M. P. T. A percepção do alcoólatra do que o leva ao alcoolismo e à internação. *Boletim de Psiquiatria*, São Paulo, v.14, n.3, p.132-7, 1981.

JUSTO, J. S. Errâncias e errantes: um estudo sobre os andarilhos de estrada. In: JUSTO, J. S., SAGAWA, R. Y. (Orgs.). *Rumos do saber psicológico*. São Paulo: Arte & Ciência, 1998. p.125-39.

_____. Saúde mental em trânsito: loucura e a condição de itinerância na sociedade contemporânea. In: BOARINI, M. L. (Org.). *Desafios na atenção à saúde mental*. Maringá: Eduem, 2000. p.9-29.

NOMADISMOS CONTEMPORÂNEOS **123**

_____. *Errância e errantes na sociedade contemporânea:* um estudo com andarilhos de estrada. Assis: Faculdade de Ciências e Letras, 2002. (Mimeogr.).

JUSTO, J. S., NASCIMENTO, E. C. Errância e delírio em andarilhos de estrada. *Psicologia: Reflexão e Crítica,* v.18, n.2, 2005.

KALINA, E., KOVADLOFF, S. As ciladas das cidades e as drogas. In: KALINA, E. (Org.). *Drogadição hoje:* indivíduo, família e sociedade. Porto Alegre: Artes Médicas, 1999. p.85-125.

LASCH, C. *A cultura do narcisismo.* Rio de Janeiro: Imago, 1983.

LYOTARD, J-F. *A condição pós-moderna.* Rio de Janeiro: José Olympio, 1996.

MARTINS, J., BICUDO, M. A. V. *A pesquisa qualitativa em psicologia.* São Paulo: Moraes, 1989.

MELMAN, C. *Alcoolismo, delinqüência e toxicomania:* uma outra forma de gozar. São Paulo: Escuta, 1992.

NASCIMENTO, E. C. Pós-modernidade: um estudo sobre os espaços do sujeito, a errância e suas relações com o social. *Psico,* v.34, n.1, p.109-21, 2003.

_____. Debate sobre artigo – Alcoolismo: acusação ou diagnóstico? – de Delma Pessanha Neves. *Cadernos de Saúde Pública,* v.20, n.1, p.20-1, 2004.

NASCIMENTO, E. C., JUSTO, J. S. Vidas errantes e alcoolismo: uma questão social. *Psicologia: Reflexão e Crítica,* v.13, n.3, p.529-38, 2000.

NEVES, D. P. Alcoolismo: acusação ou diagnóstico? *Cadernos de Saúde Pública,* v.20, n.1, p.7-14, 2004.

PAUGAM, S. O enfraquecimento e a ruptura dos vínculos sociais. In: SAWAIA, B. (Org.). *As artimanhas da exclusão social.* Petrópolis: Vozes, 1999. p.67-86.

PEREIRA, J. C. R. *Análise de dados qualitativos.* São Paulo: Edusp, 1999.

PERES, R. S. Andarilhos de estrada: estudo das motivações e da vivência das injunções características da errância. *Psico-USF,* v.6, n.1, p.67-75, 2001.

POLIT, D. F., HUNGLER, B. P. *Fundamentos de pesquisa em enfermagem.* Porto Alegre: Artes Médicas, 1995.

RICHARDSON, R. J. et al. *Pesquisa social:* métodos e técnicas. São Paulo: Atlas, 1985.

SNOW, D., ANDERSON, L. *Desafortunados*: um estudo sobre o povo da rua. Petrópolis: Vozes, 1998.

SONENREICH, C. *Contribuição para o estudo da etiologia do alcoolismo.* São Paulo: RT, 1971.

TOLEDO, M. Agrishow recebe 155 mil e supera as expectativas. *Folha de S.Paulo*, São Paulo, 4 maio 2004. Dinheiro, p.B10.

VAILLANT, G. E. *A história natural do alcoolismo revisitada.* Porto Alegre: Artes Médicas, 1999.

## SOBRE O LIVRO

*Formato*: 14 x 21 cm
*Mancha*: 23,7 x 42,5 paicas
*Tipologia*: Horley Old Style 10,5/14
*Papel*: Offset 75 g/m$^2$ (miolo)
Cartão Supremo 250 g/m$^2$ (capa)
*1ª edição*: 2008

## EQUIPE DE REALIZAÇÃO

*Edição de texto*
Maurício Leal (Copidesque)
Sandra Garcia Cortés (Revisão)

*Editoração Eletrônica*
Eduardo Seiji Seki

Impressão e Acabamento
assahi
gráfica e editora ltda.